Krassen Russev

Das neue Bulgarien

Reiseziele zwischen Balkan und Schwarzmeerküste

Bearbeitet von
Reiner Elwers
und Sabine Herbener

Trescher-Reihe Reisen

Trescher Verlag
Reinhardtstr. 9
10117 Berlin-Mitte
Tel. 030 - 281 59 94
Fax 030 - 281 59 94

Vertrieb:
Rotation Berlin
Mehringdamm 51
10961 Berlin Kreuzberg
Tel. 030 - 692 79 34
Fax 030 - 694 20 06

1. Auflage 1993

Bildnachweis:
Krassen Russev, Albéna
Gero Kirchner, Berlin
Achim Purwin, Berlin
Helmut Timm, Berlin

Kartographie: Marcena Mienkiewic, Berlin
Umschlaggestaltung: Volker Oeljeklaus, Berlin
Layout: Michael Sohn, Freiburg
Satz: MK Druck, Berlin
Druck: GAM-Media, Berlin

Die Deutsche Bibliothek – CIP-Einheitsaufnahme
Russev, Krassen:
Das neue Bulgarien: Reiseziele zwischen Balkan und Schwarzmeerküste/Krassen Russev. Bearb. von Reiner Elwers und Sabine Herbener.
- 1. Aufl. - Berlin: Trescher, 1993
ISBN 3-928409-12-3
NE: Elwers, Reiner [Bearb.]

Inhalt

Vorwort

Das für viele so ferne und fremde Bulgarien liegt in Südosteuropa, im östlichen Teil der Balkanhalbinsel, hat ein mildes Klima, fruchtbares Ackerland und bezaubert mit den Schätzen seiner Natur: Im Norden die blaue Donau, im Osten das Schwarze Meer mit feinsandigen Dünen und goldenen Stränden, gelegen in malerischen Buchten mit noch sauberem Meerwasser, im mittleren und südlichen Teil des Landes schließlich ganzjährig schneebedeckte Berge, dichte grüne Wälder und Hochgebirgsseen mit glasklarem Wasser.

Der Schöpfer hat dieses Stück Erde mit viel Liebe geschaffen, und die Reste der jahrtausendelangen stürmischen Geschichte finden sich überall im Land: Festungen und Felsenklöster, thrakische, römische und griechische Siedlungen. Städte gibt es, die seit ihrer Gründung bis zu sechsmal umgetauft wurden wie zum Beispiel Plovdiv - jeder Eroberer gab der Stadt einen neuen Namen. Größtes Aufsehen hat in jüngster Zeit das erste Gold der Menschheit erregt, das vor zehn Jahren in Varna gefunden wurde und inzwischen in mehreren Ländern Europas, 1985 und 1986 auch in Deutschland, ausgestellt wurde.

Der bulgarische Staat ist einer der ältesten überhaupt in Europa: 681 gegründet, haben die Bulgaren zwei Jahrhunderte später das Christentum angenommen, und der griechisch-orthodoxe christliche Glaube war seitdem gerade in Leidenszeiten wie der fünfhundertjährigen osmanischen Fremdherrschaft eine der größten Stützen des bulgarischen Volkes.

In scharfem Kontrast zur schönen Landschaft und der reichen Vergangenheit steht allerdings die jetzige Lage des Landes. Die Bulgaren leiden unter den Folgen der "planmäßig" entwickelten sozialistischen Wirtschaft und sind dabei, auf deren Ruinen die Grundlagen einer marktorientierten Wirtschaft aufzubauen.

Sie wollen nicht länger nur geographisch ein Teil von Europa sein, sondern, ihr nationales Kolorit bewahrend, die demokratischen Traditionen des Westens in ihre eigene Kultur aufnehmen.

Es ist an uns, diesen Prozeß zu verfolgen und zu fördern. Das vorliegende Buch will dazu beitragen, das neue Bulgarien kennen, verstehen und vielleicht sogar lieben zu lernen.

Bulgarien ist die Wiege des kyrillischen Alphabetes; bei der Übertragung der bulgarischen Orts- und Eigennamen wurde eine der Aussprache folgende Transkription gewählt, dadurch soll eine Verständigung und das Zurechtfinden im Lande erleichtert werden. In der Regel wird im Bulgarischen die erste Silbe betont, Abweichungen sind im Text durch einen Akzent kenntlich gemacht.

Allgemeines

Bulgarien ist etwa 520 Kilometer lang und 330 Kilometer breit, der Grenzumfang beträgt 2245 Kilometer. Die nördliche **Grenze** zu Rumänien ist die längste: Auf zwei Dritteln der Strecke bildet die Donau eine natürliche Grenze. Im Osten grenzt Bulgarien ans Schwarze Meer, im Südosten an die Türkei, im Süden an Griechenland und im Westen und Südwesten an Serbien beziehungsweise Mazedonien.

Die **Fläche** Bulgariens beträgt 111 000 Quadratkilometer und nimmt damit etwa ein Viertel der Balkanhalbinsel ein, was etwa der Größe der Niederlande, Belgiens und der Schweiz zusammengenommen entspricht.

Bulgarien hat 8,5 Millionen **Einwohner**, die offizielle Sprache ist Bulgarisch. Die Mehrheit der Bulgaren gehört der griechisch-orthodoxen, ein kleiner Teil der römisch-katholischen Kirche an, die türkische Minderheit und knapp die Hälfte der Roma bekennen sich zum Islam.

Die **Hauptstadt Sofia** ist mit fast 1,2 Millionen Einwohnern die größte Stadt des Landes. Andere Großstädte sind Plovdiv, Varna, Burgás, Russe, Stara Sagóra, Pleven, Sliven und Dobritsch.

Der offizielle **Nationalfeiertag** ist der 3. März, der an die Befreiung Bulgariens von der osmanischen Fremdherrschaft im Jahre 1878 erinnert.

Der Name Bulgarien

Bulgarien bedeutet, natürlich, “das Land der Bulgaren”. Bis zum Ende des ersten Jahrhunderts nach Christi lebten die bulgarischen Stämme allerdings in der heutigen chinesischen Provinz Tamirtal neben Hunnen, Alanen, Chasaren und Türken. Ihr Gebiet grenzte an das der Mongolen, Chinesen, Inder und Perser.

Zum ersten Mal wird der Name “Bulgarien” im Jahre 541 vor Christus von einem chinesischen Geschichtsschreiber erwähnt, vier Jahrhunderte später von einem römischen Chronisten. Zu dieser Zeit siedelten die Bulgaren nach Westen um und ließen sich in dem Gebiet zwischen Wolga, Schwarzem Meer und Kaukasus nieder.

Die Historiker können bis heute die Entstehung des Namens nicht zweifelsfrei nachweisen. Eine der Schwierigkeiten besteht darin, daß die Anfänge der bulgarischen Kultur sehr weit in die Vorgeschichte zurückreichen.

Das Wort "bulga" bedeutet in der Sprache der Turkvölker "mischen", daher könnte man Bulgarien mit "gemischtes Volk" übersetzen. Eine andere Hypothese geht von dem Wort "bulgar" aus, das im nordpersischen Dialekt "kühn", "tapfer" bedeutet.

Es liegt auch deshalb immer noch kein überzeugendes Ergebnis der wissenschaftlichen Forschungen vor, weil bis zur Umbruchszeit 1991 die sozialistische Wissenschaft um jeden Preis die slawische Herkunft und damit die Zugehörigkeit der Bulgaren zu den Slawen, das heißt zum Kulturkreis der damaligen Sowjetunion, beweisen wollte.

In den letzten zwei Jahren sind zwar einige neue Theorien in die Diskussion geworfen worden, sie bedürfen aber noch der Überprüfung.

Das Wappen

Der Löwe ist das wichtigste heraldische Element im Staatswappen der Republik Bulgarien. Die Löwensymbolik hat in Bulgarien lange Traditon: Schon die Tempel und die Paläste des Ersten Bulgarischen Reiches (681 bis 1018) waren mit Steinlöwen geschmückt, Löwenabbildungen waren auch auf den Bannern und den Münzen des Zweiten Bulgarischen Reiches (1187 bis 1396) abgebildet. Deshalb ist es eigentlich nicht verwunderlich, daß auch die bulgarische Währung Lew (Mehrzahl: Lewa), übersetzt "Löwe" heißt. Der bulgarische Staat wurde schon seit seiner Gründung vom Löwen symbolisiert, und auch heute noch ist der Löwe das Zeichen Bulgariens. Nach dem Umbruch 1991 wurden die sozialistischen Symbole Zahnrad, Kornähren und fünfzackiger roter Stern abgeschafft, ein neues Staatswappen wurde aber noch nicht gefunden. Eine Reihe von Vorschlägen wurde im Parlament dazu vorgelegt, keiner davon ist bis jetzt akzeptiert worden. Der jüngste Anregung greift auf das Wappen des bulgarischen Fürsten Alexánder von Battenberg zurück: Zwei Löwen links und rechts, in der Mitte ein dritter Löwe, darüber die Fürstenkrone.

Die Staatsflagge

Die alten Bulgaren trugen als Feld- und Kampfzeichen einen an einer Lanze befestigten Pferdeschwanz. Fürst Boris I. führte im Jahre 855 Fahnen aus Stoff oder Tuch ein, zunächst weiße, während des Kampfes gegen die osmanischen Besatzer dann meist grüne.

In Velíko Tarnovo wurde 1879 die Trikolore in den Farben weiß, grün und rot in waagerechter Anordnung zur Staatsflagge des freien Bulgarien erklärt. Während der sozialistischen Herrschaft war auf der Flagge auch das oben beschriebene Wappen abgebildet. Heute hat die Flagge nur noch die drei waagerechten weiß-grün-roten Streifen.

Die Hymne

Die erste bulgarische Hymne "Es rauscht die Maríza" wurde während des Serbisch-Türkischen Krieges im Jahre 1876 gesungen. Unter den Bulgaren, die sich an diesem Krieg als Freiwillige beteiligten, war auch der Lehrer **Nikóla Shivkov** (1847 bis 1901). Durch das Kampfgeschehen während des Aprilaufstandes angeregt, verfaßte Shivkov das Lied "Es rauscht die Maríza". In kurzer Zeit wurde es bei den bulgarischen Freiwilligen und bei der Landwehr so beliebt, daß es sich nach der Befreiung Bulgariens von der osmanischen Fremdherrschaft als Nationalhymne durchsetzte.

Als 1944 die Kommunisten die Macht ergriffen, wurde die Hymne verboten und durch eine andere ersetzt. Ein altes, 1885 von **Zwetán Radosláwov** (1863 bis 1931) verfaßtes Lied, "Stolze Stara Planiná", wurde gemäß der kommunistischen Ideologie "umgearbeitet" und unter dem neuen Titel "Liebes Heimatland" am 9. September 1964 offiziell zur Nationalhymne Bulgariens erklärt. Die jüngste, nach dem demokratischen Umbruch entstandene Hymnenvariante entspricht jetzt wieder der ersten Fassung des Liedes **"Stolze Stara Planiná"**.

Staatsstruktur

Artikel 1 der vom ersten demokratisch gewählten Parlament verabschiedeten Verfassung lautet: "Bulgarien ist eine **parlamentarische Republik**". Das Parlament (die Volksversammlung) ist das höchste politische Organ; es wählt die anderen zentralen Machtorgane, übt unmittelbar die gesetzgeberische Macht aus und entscheidet über die wichtigsten Fragen im Staat. Das Parlament besteht aus 240 Abgeordneten, die in geheimer, demokratischer Wahl für die Dauer von vier Jahren gewählt werden, und wird von einem Vorsitzenden und drei Stellvertretern (je einem aus den drei großen Parteien) geleitet. Die Abgeordneten wählen die Regierung, die aus einem Premierminister, Stellvertretern und 14 bis 16 Ministern besteht.

Das Staatsoberhaupt ist der Präsident, der zugleich auch oberster Befehlshaber der Streitkräfte des Landes ist und alle vier Jahre bei geheimen Wahlen direkt gewählt wird.

Bulgarien ist in **neun Regionen** geteilt. Jede Region ist in Gemeinden untergliedert. Die Gemeinderäte und der Bürgermeister werden bei den Kommunalwahlen alle vier Jahre direkt gewählt.

Der erste direkt gewählte Präsident des demokratischen Bulgarien ist **Shelju Shelev**, Doktor der Philosophie und verfolgter Dissident während des kommunistischen Regimes.

Geographie

Bulgariens Oberflächenstruktur ist vielgestaltig, und das Relief weist eine klare West-Ost-Richtung auf. Daher gibt es auf dem bulgarischen Territorium von Norden nach Süden folgende deutlich getrennte Teile: die **nordbulgarische Platte**, die **Stara Planiná** (die bulgarische Bezeichnung für den Balkan), ein **Übergangsgebiet** mit Gebirgen, Becken und Niederungen, das Massiv der **Rhodópen** (Rodopi) und des **Ossogóvo** und die **Schwarzmeerküste**.

Im Norden erstreckt sich von West nach Ost die **Donauebene**; im Süden bilden die Vorgebirge der Stara Planiná ihre Grenze. Die Stara Planiná ist Teil der nördlichen Abzweigung des eurasischen Gebirgssystems. Sie besteht aus vier Zonen, die sich von Nord nach Süd wie folgt aneinanderreihen: Vorgebirge, Stara Planiná, zwischengelagerte Beckenreihe und **Sredna Gorá**. Die höchste Erhebung der gesamten Kette ist der **Botev-Gipfel** (2376 Meter). Zu dem sich anschließenden Gebiet gehören die **Oberthrakische Tiefebene** und die Gebiete am Mittellauf der Tundsha. Größere Berge sind Rui, Milevska, Semenska und Konjavska Planiná, und Verila. Die ausgeprägtesten Täler liegen bei Radomir, Kjustendil und Samokov.

Die Oberthrakische Tiefebene (Marízabecken) wird von den südlichen Hängen der Sredna Gorá und den nördichen Ausläufern der Rhodópen (Rodopi) begrenzt. Sie liegt im Durchschnitt 166 Meter über dem Meeresspiegel. Die südlichsten Teile des bulgarischen Territoriums werden von dem Massiv des Ossogóvo und der Rhodópen eingenommen. Die Flußtäler von Struma und Mesta und das Netz von tiefen Tälern im Inneren dieser Gebirge lockern das Relief stark auf.

Zwischen den Tälern der Struma und Mesta erstrecken sich die Massive der höchsten bulgarischen Gebirge: **Rila** und **Pirin**. Diese imposanten Berge haben ein stark zerklüftetes Relief, in dem die letzte Eiszeit deutliche Spuren hinterlassen hat. Dort sind die höchsten Gipfel nicht nur Bulgariens, sondern auch der gesamten Balkanhalbinsel zu finden: **Mussalá** (2925 Meter) und **Vichren** (2915 Meter).

Die Wechselwirkung zwischen Festland und Meer hat zur Herausbildung einer gut zu erkennenden physikalisch-geogra-

Abhängen vorhanden. Daneben ist das **Karstwasser** ein wichtiger Teil der Wasserreserven Bulgariens. Es gibt 90 größere Karstquellen mit einem jährlichen Abflußvolumen von 687 Millionen Kubikmeter. Die größten unter ihnen sind Glavá Panega, die Devnja-Quellen und Kleptúsa. **Artesisches Grundwasser**, also unter Aufdruck stehendes Wasser, das über Sonden gefördert wird, ist in den Grabenformen der Oberthrakischen Tiefebene, der Becken von Sofia und Petritsch und im Varnaer Flachland zu finden.

Hinsichtlich Menge, chemischer Zusammensetzung und Heileigenschaften ist das **Mineralwasser** in Bulgarien von besonderem Interesse. Als Ergebnis der hydrogeologischen Untersuchungen wurden in Bulgarien fünf Gebiete mit Mineralquellen bestimmt, in denen etwa 525 Quellengebiete mit über 1600 Quellen festgestellt wurden. Am heißesten ist mit 102 Grad Celsius das Wasser der Quelle bei Saparéva Banja, gelegen am nördlichen Fuß des Rila-Gebirges.

Die **Flüsse** führen hauptsächlich zu zwei Wassersammelbecken: zum Schwarzen und zum Ägäischen **Meer**. Größere Flüsse Bulgariens sind Iskar, Ogósta, Kamtschíja, Tundsha, Maríza, Arda, Mesta und Struma. Die bulgarischen Flüsse sind meistens wasserarm, und außer dem Grenzstrom Donau ist keiner von ihnen schiffbar.

In Bulgarien gibt es etwa 400 **Seen**, die relativ klein sind und sechs Typen bilden: Relikt-Seen, Fluß-Seen, Glazial-Seen, Karst-Seen, tektonische Seen und durch Erdrutsch entstandene Seen. Mehr als die Hälfte aller Seen liegt in den Gebirgen Rila und Pirin.

Klima

Bulgarien liegt in jenem Teil Europas, in dem sich zwei Klimazonen überschneiden: Das gemäßigte **Kontinentalklima** des Nordens und das **Mittelmeerklima** des Südens.

Großen Einfluß auf das Klima hat das Relief Bulgariens, vor allem die Kette der Stara Planiná, die die meist aus Nordwest, Nord und Nordost eindringenden Luftmassen abhält. Die im Winter ungehindert in die Donauebene eindringenden kalten, schweren Luftmassen überwinden selten die Stara Planiná und verursachen Kälteeinbrüche nur nördlich des Hauptkammes. Dagegen überwindet die in den Wintermonaten von Süden kommende leichtere Warmluft oft die Bergkette und ist an ihren Nordhängen als warmer Föhn zu spüren. Ähnliche Bedeutung für das Klima haben auch die Gebirge Rila, Pirin und die Rhodópen. Die mit 21 bis 24 Grad Celsius höchsten durchschnittlichen **Lufttemperaturen** werden im Juli gemessen, die niedrigsten im Januar mit -3 bis 4 Grad Celsius.

Die jährliche **Niederschlagsmenge** in den Ebenen und in den hügeligen Regionen liegt zwischen 550 und 1000 Millimeter pro Quadratmeter. Am geringsten sind die Niederschläge in Ostbulgarien, in der Nähe der Schwarzmeerküste. Der Küstenstreifen stellt eine eigene Klimazone dar: Das Temperaturmaximum liegt hier bei 20 bis 21 Grad Celsius, Niederschläge fallen hauptsächlich im Herbst und Winter. Vorherrschend sind mäßig starke Seewinde und im Winter Nordostwinde. Das Schwarzmeerbecken mildert das Wetter sowohl im Sommer als auch im Winter, daher ist die Küste mit ihrem gleichbleibenden Klima für Erholungszwecke sehr gut geeignet. Zwei Monate, meist Juli und August, ohne einen einzigen Tropfen Regen ist für die östlichen Gebiete und die Schwarzmeerküste durchaus nichts Ungewöhnliches. Der Hochsommer hat zwei bis fünf Regentage, die Tagestemperaturen variieren in den Ebenen zwischen 28 und 34 Grad Celsius und an der Küste zwischen 26 und 31 Grad Celsius. Die **Wassertemperaturen** des Schwarzen Meers liegen im Juli und August bei 22 bis 24 Grad Celsius, im Juni und September kann man tagsüber mit Lufttemperaturen zwischen 23 und 26 Grad Celsius rechnen.

Pflanzen- und Tierwelt

Bäume sind in Bulgarien vor allem als Laubwälder mitteleuropäischen Charakters vertreten, die vor allem aus Buchen, Eichen, Ulmen, Ahorn, Eschen und Linden bestehen.

Die in den Mittelgebirgen vorherrschenden **Mischwälder** gehen in den höheren Regionen in **Nadelwälder** über, in denen vor allem Fichten und Schwarzkiefern gedeihen. Die Wälder gehören zu den wichtigsten natürlichen Ressourcen und produzieren jährlich über 20 Millionen Tonnen Sauerstoff.

Südlich der Hauptkette der Stara Planiná wächst der mitteleuropäischen und mediterranen Vegetation zugehöriges **Buschwerk** mit wechselnden oder immergrünen Blättern.

Vorherrschend sind Weißdorn, Hagebutte, Schwarzdorn, Christdorn und Färbersumach. Außer den **Laubbüschen** gibt es in Bulgarien auch **Nadelbüsche** subarktischer Herkunft, die in den Höhenlagen der Gebirge anzutreffen sind.

Gräser befinden sich in den meisten Fällen dort, wo Wälder vernichtet wurden; es sind sekundäre, also nicht ursprüngliche, Waldwiesen; dagegen sind die Steppenvegetationen in den nordöstlichen Teilen Bulgariens, die Sumpfgras- und die Sandgras-Vegetation am Schwarzen Meer originäre Vegetation.

In den verschiedenen Landschaften Bulgariens sind zahlreiche **Tierarten** anzutreffen. In der Donauebene leben Steppenstinkmarder, Steppenspringmäuse, Wildgänse, Krauskopf-Pelikane und Uferschwalben. In den Wäldern des Balkan-Vorgebirges kann man bis zu einer Höhe von 1000 Metern Rehe, Hirsche, Dachse, Spechte, Drosseln, Äskulap-Nattern und Hirschkäfer beobachten. In den Gebirgen über 1000 Metern Höhe gibt es Eichhörnchen, Auerhühner und Spechte und sogar Bären. Der Alpingürtel schließlich ist das Revier der Steinadler und Bartgeier sowie einiger Kriechtierarten.

In den südlichen Landesteilen, wie zum Beispiel in der Oberthrakischen Tiefebene oder in den Tälern der Struma und Mesta, sind die wärmeliebenden Tiere anzutreffen: Nattern, Ameisenlöwen, Gottesanbeterinnen, Reismäuse, Fasane, Falken und Drosseln.

An der Schwarzmeerküste leben Schakale, Möwen, Regenpfeifer und Rosa Pelikane. Von besonderem zoologischen Interesse ist die **Höhlenfauna**, die sich in der feuchten Dunkelheit des unterirdischen Karstes entwickelt hat. Hier wurden vor allem Wirbellose gefunden, meist blinde Arten mit verlängerten Fühlern. Die vorherrschenden Höhlenbewohner aber sind wie fast überall die Fledermäuse.

In den Wäldern Bulgariens findet man eine ganze Reihe von Wildarten: Bären, Rehe, Wildschweine, Edelhirsche, Marder, Füchse und Hasen, an Federwild Rebhühner, Wachteln, Waldhühner, Turteltauben und Wildgänse.

Bevölkerung

Bulgarien in Zahlen

Der letzten Volkszählung vom 4.12.1992 zufolge zählt Bulgarien heute rund 8,5 Millionen Einwohner. Der Anteil der Frauen und Männer ist fast gleich: 51 zu 49 Prozent.

Die **Bevölkerungsdichte** liegt bei 77 Einwohnern pro Quadratkilometer und ist damit fast dreimal niedriger als die Deutschlands. Den Hauptteil der Bevölkerung in Bulgarien machen mit etwa 86 Prozent die **Bulgaren** aus, zehn Prozent gehören zur **türkischen Minderheit**, und der Rest verteilt sich auf **Roma**, **Juden, Armenier**, und **Russen**. Als Folge der Landflucht in den letzten 30 Jahren leben fast zwei Drittel der Bevölkerung in den Städten.

Die bulgarischen Familien haben meist ein bis zwei Kinder. Seit 1946 sinkt die **Zuwachsrate der Bevölkerung** deutlich, so daß sie 1991 minus anderthalb Prozent betrug. Mit 14,8 Prozent ist außerdem die Kindersterblichkeit sehr hoch.

Soziale Probleme

Eine Zeit des Umbruchs bringt immer Probleme in allen Bereichen des gesellschaftlichen Lebens mit sich. Die Bulgaren sind heute frustriert, verwirrt, enttäuscht; sie stehen im Niemandsland zwischen der totalitären kommunistischen Ära und dem Traumbild von einer wohlhabenden Gesellschaft, das die westliche Marktwirtschaft verspricht. Die ständig wachsenden Probleme im öffentlichen, sozialen und geistigen Leben des Landes lassen diese Utopie immer unerreichbarer scheinen.

Verglichen mit dem Standard Westeuropas zählt die große Mehrheit der Bulgaren immer noch zur Kategorie der Armen; der durchschnittliche Monatslohn betrug 1992 umgerechnet 180 DM. Besonders von der Armut betroffen sind die über eine halbe Million Arbeitslosen, die Rentner, die Invaliden und die jungen Familien. Das führt zu großen sozialen Spannungen in der Gesellschaft und auch in den zwischenmenschlichen Beziehungen.

Die Situation der Frauen

Nach dem bulgarischen Grundgesetz sind Frauen und Männer völlig gleichgestellt, für die gleiche Arbeit verdienen die Frauen ebensoviel wie die Männer. Fast alle Frauen sind berufstätig, weil eine Familie mit einem Gehalt allein nicht auskäme.

Kindergärten und Kindertagesstätten sind ausreichend vorhanden, aber in Bulgarien kennt man keine Halbtagsstellen, so daß die Kinder oft den ganzen Tag ohne ihre Eltern auskommen müssen. In diesen Fällen müssen dann die Großeltern einspringen, um die Kinder zu versorgen und zu betreuen. Der Wohnraummangel erschwert überdies den Alltag der bulgarischen Familie erheblich.

Überhaupt haben die Bulgarinnen immer alle Hände voll zu tun, denn die Küche ist dort nach wie vor den Frauen vorbehalten. Warmes Essen ist sowohl mittags als auch abends üblich, und Spülmaschinen sind in bulgarischen Haushalten eine Seltenheit.

Viele junge Frauen studieren an den Universitäten und Instituten, vor allem humanitäre Fächer. Zum Beispiel ist der Lehrerberuf ein ausgespochener Frauenberuf, auch in der Medizin überwiegen die weiblichen Ärzte.

Das Auftreten im öffentlichen Leben ist für Bulgariens Frauen aber nicht ungewöhnlich. Im zweiten demokratisch gewählten Parlament Bulgariens ist das Verhältnis zwischen männlichen und weiblichen Abgeordneten 210 zu 30. Die Stellvertreterin des Parlamentsvorsitzenden ist Sneshána Botuschárova, Vorsitzende der parlamentarischen Fraktion der sozialistischen Partei ist Nora Anánieva. Die Vizepräsidentin ist Blaga Dimitróva, seit zwei Jahren sind die in Belgien und in der Schweiz akkreditierten Botschafter Frauen, und in Wien ist eine Schriftstellerin und Diplomgermanistin bulgarische Kulturattachée.

Nationalitäten

Die mit einem Gesamtbevölkerungsanteil von 86 Prozent größte ethnische Gruppe in Bulgarien, die der Bulgaren, bildete sich über einen langen Zeitraum durch die Entwicklung und Wechselwirkung dreier ethnischer Grundelemente heraus: **Slawen, Altbulgaren** (Protobulgaren) und **Thraker**.

Die **Thraker** waren die ersten, die das heutige Bulgarien besiedelten. Bereits im zweiten Jahrhundert vor Christus breiteten sie sich fast über die gesamte Balkanhalbinsel aus, wurden aber im Laufe des achten Jahrhunderts immer weiter nach Osten abgedrängt. Sie gehörten zur indogermanischen Sprachfamilie (Satem-Sprache) und errichteten die älteste Kultur im östlichen Teil der Balkanhalbinsel.

Die Slawen zählten ebenfalls zur indogermanischen Sprachfamilie. Die slawische Gemeinschaft bildete sich anfangs des ersten Jahrhunderts vor Christus auf dem Territorium zwischen Karpaten, Ostsee und Oder, Dnjepr und Dnjestr heraus. Ende des sechsten Jahrhunderts ließen sich die Südslawen dauerhaft auf der Balkanhalbinsel nieder.

Die **Altbulgaren** waren turkisch-altaischer Herkunft und gehörten ebenso wie die Thraker und Slawen zur indogermanischen Sprachfamilie. Bis zum Jahr 153 nach Christus lebten sie in Zentralasien, zogen zum Aralsee und weiter in ein Gebiet nördlich des Kaukasus und östlich des Schwarzen Meeres. Von 668 bis 680 ließen sie sich zwischen den Karpaten und der Stara Planiná nieder.

Die Herausbildung der **bulgarischen Nationalität** war ein komplizierter und langwieriger Prozeß, der mit der Gründung des **Ersten Bulgarischen Reiches** im siebten Jahrhundert begann und in deren erster Phase, vom siebten bis zehnten Jahrhundert, die Altbulgaren, die südöstlichen Slawen und die Thraker maßgeblich beteiligt waren. Die einstige Stammesselbständigkeit der Altbulgaren und der slawischen Stämme wurde bald von der allgemeinen Bezeichnung "Bulgarien" für das gesamte Territorium beziehungsweise "Bulgaren" für dessen Bewohner abgelöst. Der Zusammenschluß der ehemals eigenständigen Gebiete und Stämme zum Ersten Bulgarischen Reich im Jahr 681 war vor allem eine Allianz gegen die Expansionspolitik des stets eine Bedrohung darstellenden byzantinischen Reiches. Obwohl die Slawen zahlenmäßig die Mehrheit stellten, war der Einfluß der Altbulgaren deutlich stärker. Ihr Stammesname wurde zur Bezeichnung für alle Angehörigen des Reiches, sie spielten politisch wie militärisch die führende Rolle, und Bulgarien wurde in der Folge über zweihundert Jahre lang von bulgarischen Khanen regiert. Die Slawen beeinflußten die Entwicklung

Bulgariens hauptsächlich in sprachlicher Hinsicht: Bulgarisch gehört zur Gruppe der südslawischen Sprachen.

Entscheidend für die Verschmelzung von Altbulgaren und Slawen zu einer ethnischen Gruppe waren die beiden gemeinsame **christliche Religion**, die Kirchenorganisation, der Gottesdienst in bulgarischer Sprache und die Schaffung des bulgarischen Schrifttums.

Bis zum elften Jahrhundert traten weitere ethnische Gruppen zur bulgarischen Nation hinzu: Awaren, Magyaren, Petschenegen, Skythen und byzantinische Zuwanderer aus verschiedenen Gebieten. Ihnen folgen vom 12. bis zum 14. Jahrhundert Kumanen, Walachen, Alanen, Tataren und andere.

Während der Unterwerfung durch die Osmanen nahm die bulgarische Bevölkerung auf der Balkanhalbinsel fast um die Hälfte ab. Das führte zur Entvölkerung ganzer Städte und Landstriche. Außerdem übten die türkischen Besatzer starken Druck auf die bulgarische Bevölkerung aus, sich dem islamischen Glauben zu unterwerfen. Aus Angst um ihr Leben sahen sich nicht wenige Bulgaren gezwungen, diesem Druck zur Islamisierung nachzugeben. Die Narben, die die fast fünfhundertjährige osmanische Unterdrückung in der Psyche der bulgarischen Bevölkerung hinterlassen hat, sind auch heute noch spürbar.

Die ethnische Gruppe der **Türken** ist die zweitstärkste im Land, sie stellen zehn Prozent der Gesamtbevölkerung Bulgariens und sind vor allem in Ludogórie (Nordostbulgarien) und in den Ostrhodópen in den Gebieten um Kardshali konzentriert. Die bulgarischen Türken sind keine Auswanderer aus der heutigen Türkei, sondern Nachfahren der osmanischen Besatzer. Auch ihre Sprache unterscheidet sich wesentlich von der heutigen türkischen Sprache.

1985 versuchte die kommunistische Regierung, die türkische Bevölkerung unter Gewaltanwendung zu "bulgarisieren". Ihnen wurde verboten, ihre Sprache zu sprechen und ihren Glauben zu praktizieren, außerdem sollten sie bulgarische Namen annehmen. Diese grobe Verletzung der Menschenrechte rief heftige Proteste sowohl unter den Türken als auch unter den Bulgaren, insbesondere den bulgarischen Intellektuellen, hervor und hatte die massenhafte Auswanderung von türkischen Bulgaren in die Türkei zur Folge. Etwa eine Viertelmillion

Menschen verließ Bulgarien, ein Teil von ihnen kehrte später wieder zurück. 1990 wurde das menschenverachtende Glaubensverbot wieder abgeschafft. Nach der neuen, 1991 verabschiedeten Verfassung werden allen Bürgern die Menschenrechte und das Recht auf Selbstbestimmung gemäß der Europäischen Menschenrechts-Konvention garantiert.

Die **Roma** gehören zur indoarischen Gruppe der indogermanischen Sprachfamilie. Sie stammen ursprünglich aus Nordindien und immigrierten Ende des neunten und Anfang des zehnten Jahrhunderts nach Bulgarien. Sie wurden vorwiegend in den größeren Städten seßhaft, und ihre Zahl wuchs stetig an. Heute machen sie 3,4 Prozent der Gesamtbevölkerung aus. Die ethnische Gruppe der Roma ist nicht einheitlich: 60 Prozent bekennen sich zum Christentum und tragen bulgarische Namen, die anderen 40 Prozent bekennen sich zum Islam und tragen türkische Namen. Alle sprechen die Roma-Sprache oder Roma-Dialekte.

Nur etwa ein Prozent der Bevölkerung sind Vertreter anderer ethnischer Gruppen wie Juden, Armenier oder Russen, die vor allem in den Großstädten Sofia, Russe, Plovdiv und Varna leben.

Bis 1943 lebten in Bulgarien fast 60 000 **Juden**. Während des Zweiten Weltkrieges stellte die mit Nazi-Deutschland verbündete bulgarische Regierung die jüdische Bevölkerung vor die Wahl, entweder das Land zu verlassen oder dem sicheren Tod entgegenzugehen. Viele Juden ergriffen damals die Möglichkeit zur Emigration, verloren zwar ihr Hab und Gut, doch entgingen der Vernichtung.

Die **Armenier** zählen etwa 20 000 Menschen, **Russen** leben nur ein paar Tausend in Bulgarien. Die meisten von ihnen verließen Rußland während des Ersten Weltkrieges.

Konfessionen

Das Erste Bulgarische Reich wurde 681 als heidnischer Staat auf einem 200 000 Quadratkilometer großen Gebiet gegründet. Hundertachtzig Jahre später hatte sich das zum bulgarischen Reich gehörende Gebiet verdreifacht, innerhalb seiner Grenzen lebten schon über zehn verschiedene Völker mit unterschiedlichen Sprachen, Sitten und religiösen Vorstellungen.

Khan Boris I. Michail erkannte, daß sich sein großer Vielvölkerstaat auflösen würde, wenn er die Volksgemeinschaft nicht durch ein einigendes Band konsolidierte. Eine einheitliche Konfession war dringend notwendig. Im Jahr 863 machte Khan Boris dem deutschen König Ludwig das Angebot, von den deutschen Geistlichen den römisch-katholischen Glauben anzunehmen. Dies stellte allerdings eine Bedrohung für das griechisch-orthodoxe Byzanz dar, das den Einfluß der römischen Kirche in unmittelbarer Nähe der byzantinischen Hauptstadt Konstantinopel fürchtete. Die Reaktion erfolgte sofort: Bereits im Frühling 864 startete Byzanz einen Überfall auf Bulgarien. Khan Boris erkannte, daß das einzige Ziel des byzantinischen Angriffs darin lag, die Christianisierung Bulgariens durch die römisch-katholische Kirche zu verhindern. Der Friedensvertrag zwischen Bulgarien und Byzanz bestand so nur aus einer Bedingung: Bulgarien sollte das Christentum der Ostkirche, nicht das römische annehmen. In den Jahren 864 bis 867 wurde ganz Bulgarien bekehrt. Die Christianisierung war wesentlich für die Herausbildung und Stärkung der bulgarischen Nationalität und neben der Einführung des slawischen Alphabets eine wichtige Voraussetzung für die Entwicklung der bulgarischen Literatur, Kunst und Architektur.

Während des zehnten bis fünfzehnten Jahrhunderts fand in Bulgarien die nach ihrem Begründer, dem Popen Bogumíl, benannte **Bogumílenlehre** Verbreitung. Auch in Byzanz, Serbien, Bosnien und Rußland fand diese Lehre Anhänger, ebenso in Südfrankreich (Albigenser) und in Norditalien (Katharer). Der Lehre lag eine dualistische Weltauffassung zugrunde: Gut und Böse, Gott und Satan, deren Reiche den ganzen Raum der sichtbaren und unsichtbaren Welt ausfüllten. Satan herrsche über die sichtbare, materielle Welt, die von ihm erschaffen sei, während die unsichtbare Welt unter der Macht Gottes stehe. So lehnten sie den Staat, die Gesetze, überhaupt jeden Aufbau einer Gesellschaft ab.

Weil sich immer mehr byzantinische Geistliche in Bulgarien niederließen und Fürst Boris darin eine gefährliche Verstärkung auch des politischen Einflusses von Byzanz sah, entschloß er sich, schnellstmöglich eine selbständige bulgarische Kirche zu konstituieren, die ihre eigene Struktur und Hierarchie haben und den nationalen Interessen dienen sollte.

870 wurde die bulgarische Kirche in den Rang eines Erzbistums erhoben. Ihre geistlichen Oberhäupter wurden in Konstantinopel geweiht, mußten aber vom bulgarischen Fürsten bestätigt werden. Was Kanon und Rituale betraf, richtete sich die bulgarische Kirche fast ausschließlich auf die byzantinische Kirche aus.

Die Funktion der Kirche im Leben der bulgarischen Gesellschaft des Mittelalters war außerordentlich bedeutsam und vielfältig. Bereits im frühen Mittelalter war das ganze Land gleichsam mit Kirchen übersät, in denen der Gottesdienst in bulgarischer Sprache abgehalten wurde. Fast alle Bereiche der geistigen Kultur wie Literatur, Philosophie, Historiographie, Musik und bildende Künste sowie das Bildungswesen befanden sich in den Händen der Kirche und wurden von Persönlichkeiten entwickelt, die meist aus dem Klerus stammten.

Nach der Eroberung Bulgariens durch die Osmanen (1393 bis 1396) kamen schwere Zeiten für die bulgarische Kirche. Mit der Auflösung des Staates verloren die Bulgaren auch ihre zweite einflußreiche nationale Organisation, die Kirche. Die strenge Abgrenzung der "Rechtgläubigen", der Moslems, von den "Ungläubigen", den Christen, verhinderte eine friedliche Koexistenz oder gar natürliche Vermischung beider Religionen. In der Bekehrung der bulgarischen Christen zur mohammedanischen Religion sahen die Osmanen die Möglichkeit, die nationale Identität der Bulgaren auszuhöhlen. In dieser Phase spielte die orthodoxe Kirche eine unzweifelhaft wichtige Rolle. Sie hielt das religiöse Fühlen des Volkes wach, bewahrte und entwickelte die traditionellen religiös-nationalen Rituale und trug damit zur Selbsterhaltung des bulgarischen Volkes bei. In den zahlreichen Klöstern, meist unzugänglich in den hohen Bergen gelegen, lebten Mönche, die sich der Erhaltung der bulgarischen Kultur und des bulgarischen Schrifttums gewidmet hatten. Dort wurden kostbare alte Bücher aufbewahrt, abgeschrieben und unter der Bevölkerung verbreitet, um ihre Herkunft und Geschichte im Bewußtsein wachzuhalten.

Erst 1870 wurde nach langen Bemühungen durch einen Erlaß des Sultans das bulgarische Exarchat wieder als selbständige Kirche mit insgesamt 15 Diözesen in Nord- und Südbulgarien eingesetzt. Als offiziell anerkannte, nationale

Institution übernahm das Exarchat die Leitung des Bildungswesens und des kulturellen Lebens.

Nach der Befreiung Bulgariens im Jahr 1878 existierten christlicher und mohammedanischer Glaube nebeneinander. In jedem größeren Ort mit gemischter Bevölkerung ragte die Kuppel der christlichen Kirche neben dem Minarett der Moschee in den Himmel. In den Jahren bis 1944 nahm die Kirche eine Führungsrolle im sozialen und staatlichen Leben des Landes ein. Während der Regierungzeit der kommunistischen Partei führte sie jedoch nur eine Scheinexistenz, ihr Einfluß war verschwindend gering.

Seit der Zeit des Umbruchs bemüht sich die Kirche, wieder eine führende gesellschaftliche Kraft in Bulgarien zu werden, aber sie wird es nicht leicht haben, das während der letzten 45 Jahre Versäumte aufzuholen.

Neben der vorherrschenden griechisch-orthodoxen Kirche finden sich in einigen Landesteilen auch Angehörige der römisch-katholischen Kirche, so bei Vidin und Russe in Nordbulgarien oder bei Plovdiv in Südbulgarien; der Sitz des päpstlichen Nuntius ist heute in Sofia.

Die Armenier sind ebenfalls Christen und gehören der armenisch-gregorianischen Kirche an. In den größeren Städten gibt es selbständige armenische und russische Kirchen, wie auch jüdische Synagogen. Die türkische Minderheit Bulgariens bekennt sich zum Islam.

Wirtschaft

Industrie

In der zweiten Hälfte des vorigen Jahrhunderts war Bulgarien ein wirtschaftlich blühendes Land. Das lag vor allem an der geographisch günstigen Lage, die Bulgarien mit seinen Häfen am Schwarzen Meer und der Donau zu einem kapitalträchtigen Verkehrsknotenpunkt der modernen Schiffahrt machte. Nach der Befreiung Bulgariens im Jahr 1878 und der Wiedervereinigung der bulgarischen Gebiete Ostrumelien und Bulgarien im Jahr 1885 entwickelte es sich zu einem ausgesprochenen **Agrarland**, vier Fünftel der Bevölkerung waren in der Landwirtschaft beschäftigt.

Einen gravierenden Einschnitt stellte, wie überall, die Weltwirtschaftskrise dar, doch die bulgarische Wirtschaft stabilisierte sich anschließend wieder: Der Außenhandel erhöhte sich auf das Dreifache und orientierte sich auf Deutschland und Österreich hin. Bulgariens Leicht- und Nahrungsmittelindustrie waren gut entwickelt und die Währung relativ stabil, der Lew war konvertibel.

Nach dem Zweiten Weltkrieg blieb Bulgarien unter sowjetischem Einfluß. 1945 begann der Aufbau der kommunistischen Planwirtschaft, die kommunistischen Machthaber wollten vor allem die Industrialisierung des Landes beschleunigen und dabei vorrangig die Schwerindustrie fördern. Die dazu notwendigen Finanzmittel wurden von anderen Wirtschaftszweigen, allen voran der Landwirtschaft, abgezogen, was deren Entwicklung erschwerte und hemmte. Die Enteignung des Ackerlandes und die schlechten Einkünfte der Landwirtschaftsproduktion entmutigten die Bauern und beschleunigten den Urbanisierungsprozeß. Die Landflucht brachte der Industrie einen Zustrom an unqualifizierten und daher billigen Arbeitskräften, während die Landwirtschaft immer mehr verfiel.

Nach der Gründung des Rates für gegenseitige Wirtschaftshilfe (RGW) und des Warschauer Paktes wurde auch die bulgarische Wirtschaft zum Anhängsel der sowjetischen und gesamtsozialistischen Wirtschaft. 70 bis 80 Prozent des Außenhandels wurden im Rahmen des RGW realisiert, mehr als die Hälfte davon mit der Sowjetunion.

Der Handel mit den übrigen Balkanländern betrug kaum vier Prozent des gesamten Außenhandels. Im Land selbst führte die kommunistische Verwaltung der wirtschaftlichen Prozesse zu großen Unausgewogenheiten: Der größte Teil der Finanzmittel wurde in den Bezirks- und Großstädten konzentriert, während die kleineren Städte und besonders die an der Peripherie immer stärker verarmten.

Hier ein kurzer Überblick über die einzelnen Wirtschaftszweige:

Die **Energiewirtschaft** basiert zum großen Teil auf Importkohle, importiertem Erdgas und Erdöl sowie Uran für Bulgariens einziges Atomkraftwerk bei Koslodúij, das Objekt ständiger politischer Auseinandersetzungen ist. Die völlig veraltete Technik des Kraftwerks gibt Anlaß zur durchaus begründeten Angst vor einem Störfall. Mit Hilfe der Internationalen Atomenergie-Organisation (IAEO) der Vereinten Nationen wird nach der rationellsten und sichersten Lösung des Problems gesucht. Der Bau eines zweiten Atomkraftwerks bei Belene wurde eingestellt.

Die **Montanindustrie** wurde vor allem in den 60er und 70er Jahren ausgebaut. Die größten Hüttenwerke stehen in Pernik und in Kremíkowzi bei Sofia; die geringen Eisenerzvorkommen haben sich allerdings als unzureichend erwiesen, und Bulgarien war immer stärker auf den Import von Erzen, Erzkonzentraten, Gußeisen und Stahlblöcken aus der ehemaligen Sowjetunion angewiesen.

Die **Buntmetallgewinnung** kann ihren Bedarf aus einheimischen Vorkommen decken. Hauptsächlich werden Kupfer, Blei und Zink erzeugt, wobei die Erze einen sehr niedrigen Metallgehalt haben, beim Kupfer liegt er sogar unter einem Prozent.

Dreißig Prozent des gesamten bulgarischen Wirtschaftsvolumens entfallen auf den **Maschinenbau** und die **metallverarbeitende Industrie**. Der **Automobilbau** steckt noch in den Anfängen; in Lowetsch werden die Autos der russischen Marke "Moskwitsch" gebaut, und in Botevgrad befindet sich der Betrieb für die Montage von "Tschawdár"-Bussen. Burgás und Varna sind Standorte des **Schiffbaus**, in Varna befinden sich außerdem das Institut für Schiffshydrodynamik und eine Reparaturwerft. Andere größere Maschinenwerke sind die in Drjanovo und Burgás für den Bau von Eisenbahnwagen, und in Sofia und Russe befinden sich Reparaturwerke für Lokomotiven und Wagen. Zentren der **Landwirtschaftstechnik** sind Russe, Nova Sagóra, Polski Trambésch, Plovdiv, Karnobát, Vidin, Jambol, und Dulowo.

In den 70er und 80er Jahren entfiel die Hälfte der Produktion im Maschinenbau auf den **Elektrotechnik-** und **Elektronikmaschinenbau**. Der Großteil der benötigten Rohstoffe mußte importiert werden, und wegen des niedrigen technischen Niveaus gingen die Produkte überwiegend in die RGW-Staaten. Heute befindet sich dieser Industriezweig in einer besonders schweren Krise.

14 Prozent der gesamten Industrieproduktion entfallen auf die **chemische Industrie**. Zentren sind Dewnja, Stara Sagóra, Dimitrovgrad, Vraza, und Plovdiv; die Erzeugnisse bestehen hauptsächlich aus Salzen, Säuren, Mineraldüngemitteln und Pflanzenschutzmitteln. Die Produktion der organischen Chemie ist auf den Rohstoffimport, vor allem von Erdöl, angewiesen, daher liegen die Produktionszentren in Hafenstädten wie Burgás am Schwarzen Meer oder Russe an der Donau, oder in Städten mit eigenem Erdölvorkommen wie Pleven.

Die chemische Industrie ist einer der größten Verschmutzer von Gewässern, Boden und Luft durch die großen Mengen an giftigen Produktionsabfällen. Man ist in einem Teufelskreis gefangen: Das Geld für neue Kläranlagen und naturschonende Techniken fehlt, weil die Fertigproduktion immer schwerer Absatz findet und ausländische Investitionen ausbleiben.

Einen viel geringeren Anteil an der Gesamtindustrieproduktion haben mit knapp 7 Prozent die **holzgewinnende und holzverarbeitende Industrie** und die Produktion von Baumaterialien. Die **Nahrungsmittel- und Genußmittelindustrie** macht immerhin 23, 7 Prozent aus. Die krisengeschüttelte Landwirtschaft kann aber nicht den Bedarf der Nahrungsmittelindustrie an Rohstoffen decken, weder in quantitativer noch in qualitativer Hinsicht.

Einige der wichtigsten Zweige der Nahrungsmittelindustrie sind Tabakproduktion, Milchverarbeitung, Konservenherstellung, fleischverarbeitende Industrie und Weinproduktion. Diese Zweige haben lange Tradition in Bulgarien und zeichnen sich durch überdurchschnittlich qualifizierte Arbeitskräfte aus, sind aber abhängig von der brachliegenden Landwirtschaft, dem Hauptlieferanten der Rohstoffe.

Nach dem Umbruch 1991 wurden die ersten Schritte in Richtung Marktwirtschaft gemacht. Diese Übergangsperiode wird von vielen negativen Erscheinungen begleitet, die vielen Leuten das System der Marktwirtschaft verleidet, wie etwa mangelnder Absatz auf internationalen Märkten, Absinken der Produktion, Schließen von Produktionsstätten und eine hohe Arbeitslosenzahl. Andere kritische Punkte sind die immer weiter voranschreitende Inflation und die Verringerung des Innen- und Außenhandels.

Die größte Verantwortung für den Übergang zur Marktwirtschaft fällt dem Parlament zu, das die notwendigen Gesetze auf den Weg bringen muß. Bis jetzt wurden das Gesetz zur Restitution von Immobilien- und Grundbesitz und das Gesetz über ausländische Investitionen verabschiedet. Das bulgarische Parlament debattiert zur Zeit die Privatisierung der kleinen und mittelgroßen Unternehmen; da dieses Gesetz bisher noch nicht in Kraft getreten ist, befinden sich immer noch 95 Prozent der Unternehmen in Staatsbesitz. Die Privatfirmen, die es bis jetzt gibt, sind vorwiegend im Handel und im Dienstleistungsgewerbe tätig.

Landwirtschaft

Während noch in den 30er und 40er Jahren bulgarischen Agrarerzeugnisse ein Begriff in Europa waren, verfiel in den letzten 45 Jahren die Landwirtschaft immer mehr. Ende der 40er Jahre wurde die allgemeine Verstaatlichung von Grund und Boden von der kommunistischen Regierung durchgeführt; die Bauern wurden enteignet und das Ackerland Kooperativeneigentum. Das führte zum Sinken der Ernteerträge und zu immensen Abwanderungsbewegungen vom Land in die Stadt.

Seit 1990 wird den ehemaligen Besitzern ihr Ackerland zurückgegeben, doch das gestaltet sich als äußerst komplizierter und langwieriger Prozeß, der viele Probleme mit sich bringt.

In Nordbulgarien erstrecken sich weite Felder mit Sonnenblumen, aus denen Öl gewonnen wird. Andere verbreitete Pflanzenkulturen sind Bohnen, Linsen, Tabak, Zuckerrüben und Sojabohnen.

In Südbulgarien gedeihen Reis, Baumwolle, Flachs, Hanf und Erdnüsse. Typisch für die bulgarische Landwirtschaft ist der **Weinbau**. Bekannte Weinregionen in Südbulgarien sind die Gebiete um Sungurláre, Stara Sagóra, Tschirpán, Assénovgrad, Karlovo, Pasardshik, Sandánski und Petritsch. In Nordbulgarien werden die Traditionen des Weinbaus in den Regionen um Vidin, Wraza, Pleven, Russe und Schumen gepflegt.

In den 80er Jahren hat die Viehzucht an Gesamtproduktion die Pflanzenzucht überholt. Doch in den letzten zwei bis drei Jahren hat die Wirtschaftskrise auch die Viehzucht erfaßt.

Am bedeutendsten ist in Bulgarien die **Rinderzucht**, die sich bei Pleven, Dobritsch, Varna, Stara Sagóra und Sofia konzentriert. An zweiter Stelle steht die Büffelzucht, die in den Niederungen der Flüsse Maríza, Iskar, Vit, Ossam und Jantra betrieben wird. Traditionell werden in Bulgarien auch **Schafe** sowie **Ziegen** gehalten. Die **Schweinezucht** ist ein Grundstein der Nahrungsmittelbranche; die Hälfte des in Bulgarien hergestellten Fleisches kommt aus der Schweinezucht, ein knappes Viertel aus der **Geflügelzucht**. Die **Pferdezucht** ist vor allem in den Zentren bei Sofia, Pleven und Schumen angesiedelt.

Seit eh und je wurde in Bulgarien die **Bienenzucht** betrieben, besonders in den Gebieten, in denen die Pflanzenzucht eine Rolle spielt. Das Anlegen von Bienenstöcken in einem bestimmten Gebiet führt zur Erhöhung der Ernteerträge um ein Fünftel, allein aufgrund der aktivierten Bestäubung der Pflanzen durch die Bienen.

In den südlichen Gebieten, wo die Temperaturen hoch genug sind, und in der Nähe der Flüsse, wo die Maulbeerbäume gedeihen, ist die **Seidenraupenzucht** üblich.

Ein wesentlicher Teil der **Exportwaren** sind landwirtschaftliche Produkte wie Getreide, orientalischer Tabak, Gemüse, frisches Obst, Gemüsekonserven, Rinder, Lämmer und Eier.

Ökologische Situation

Nachdem 1944 die Kommunisten an die Regierung gelangt waren, vor allem aber in den Jahren 1950 bis 1955, begann man mit dem Errichten großer Werke der chemischen Industrie, der Schwerindustrie und des Maschinenbaus. Diese riesigen Werke mit ihren hohen, Tag und Nacht Rauch ausspeienden Schloten sollten bei der Bevölkerung Begeisterung für die neue

Gesellschaftsordnung wecken. Doch Luft, Wasser und Böden wurden verschmutzt und gleichzeitig Hunderttausende Hektar fruchtbares Ackerland verseucht. Die großen Städte mit ihren **Auto- und Industrieabgasen** verschmutzen die Umwelt zusätzlich. Unklar ist bis heute die Lage im berüchtigten **Atomkraftwerk Koslodúj** an der Donau, wo jetzt verstärkt Sicherheitsmaßnahmen getroffen werden.

Ende der achtziger Jahre wurden die grüne Bewegung **Ekoglasnost** und die **Grüne Partei** gegründet. Durch die Veröffentlichung vieler Daten über die tatsächliche Situation der Umwelt haben sie maßgeblich zur Entwicklung eines ökologischen Bewußtseins beigetragen.

In Bulgarien gibt es heute 85 **Naturschutzgebiete und geschützte Naturdenkmäler** wie Naturparks, Felsengruppen, Höhlen, Wasserfälle, alte Wälder und jahrhundertealte Bäume, außerdem über 800 Tier- und Pflanzenarten, die unter dem speziellen Schutz des Staates und der UNESCO stehen.

Geschichte

Die Staatsgründung

Die frühesten Spuren menschlicher Besiedlung auf dem Gebiet des heutigen Bulgarien datieren auf die mittlere Altsteinzeit. Die älteste, seit dem neunten Jahrhundert vor Christus belegte Bevölkerung auf bulgarischem Boden sind die **Thraker**.

Das von ihnen besiedelte Land reichte im Norden bis zu den Karpaten, im Süden bis zum Ägäischen Meer, im Westen bis zum Fluß Wardar und im Osten bis zum Schwarzen Meer.

Die Thraker unterteilten sich in mehrere Stämme; sie waren gewandte Kämpfer und Reiter, betrieben jedoch vorwiegend Ackerbau, Vieh- und Pferdezucht, betätigten sich als geschickte Töpfer und Weber und besaßen bereits umfangreiche Kenntnisse der Metallbearbeitung.

Im fünften Jahrhundert vor Christus entstand der erste thrakische Staat der **Odríssen**, der aber im Jahre 333 vor Christus zum größten Teil von **Philipp II. von Mazedonien** erobert wurde. Daraufhin wurde die Hauptstadt Thrakiens, Eumólpias, das heutige Plovdiv, in Philippopolis umbenannt. Bis 200 vor Christus blieb Thrakien ein Vasallenstaat Mazedoniens, dann eroberten die **Römer** das Land und unterwarfen die Thraker bis zum ersten Jahrhundert nach Christus.

Im Jahre 15 nach Christus wurden die **Provinz Moesia** (Nordbulgarien) und im Jahre 46 die **Provinz Thracia** (Südbulgarien) zu Teilen des Römischen Reiches erklärt. Rom herrschte fast 300 Jahre über die Thraker und hinterließ seine Spuren im gesamten gesellschaftlichen Leben, hauptsächlich aber im Städte- und Straßenbau. Während dieser Zeit führten die Römer die Sklavenhaltung auch auf der Balkanhalbinsel ein; der berühmteste von den Römern versklavte Thraker war **Spartakus**, der den dritten Sklavenaufstand gegen Rom anführte.

Im Jahr 395 nach Christus teilte sich das Römische Reich in das Westliche und Östliche Reich; das bulgarische Territorium verblieb in den Grenzen des Östlichen Römischen Reiches, dem späteren **Byzanz**.

Die Thraker waren eines der am weitesten entwickelten Völker der Antike, und die Spuren, die sie der Nachwelt hinterlassen haben, geben Zeugnis vom hohen Stand ihrer Kultur:

Viele thrakische Gold- und Silberschätze wurden gefunden; die kostbarsten und bekanntesten unter ihnen sind die von Panagjuriste, Valci Tran, Lukovit, Letniza und Rogosén. Die bedeutendste thrakische Grabstätte mit Malereien und Fresken ist das Hügelgrab bei Kasanlák aus der zweiten Hälfte des dritten Jahrhunderts vor Christus.

Im 6. Jahrhundert begannen die **Slawen**, die Balkanhalbinsel zu besiedeln, und ließen sich in der Ebene zwischen Donau und Karpaten nieder. In der Mitte des siebten Jahrhunderts bewohnten sie fast die gesamte Halbinsel; charakteristisch für ihre Lebensweise waren Ackerbau und Bienenzucht. Sie lebten in Familiengemeinschaften, an deren Spitzen die Familienältesten standen. Mehrere Familiengemeinschaften bildeten einen Stamm, der von einem Stammesführer, dem Fürsten, geführt wurde. Dieser Fürst hatte aber nicht die unumschränkte Macht, sondern beratschlagte alle wichtigen Fragen mit den Kriegern des ganzen Stammes.

668 nach Christus ließ sich nördlich und südlich des Donau-Deltas der dreißig Jahre zuvor von Khan Kubrát geeinte Stammesbund der **Altbulgaren** nieder, angeführt von Kubráts Sohn **Khan Asparúch** (Isperích). Die Altbulgaren waren Teil einer alten bulgarischen Gemeinschaft, die sich etwa 354 auf dem Territorium zwischen Schwarzem und Kaspischem Meer nördlich des Kaukasus niederließ.

Das Erste Bulgarische Reich

Das Jahr 681 gilt als das Geburtsjahr des Staates Bulgariens. **Khan Asparúch** gründete das **Erste Bulgarische Reich** (681 bis 1018), das die Stämme der Altbulgaren und Slawen vereinte. Das Zentrum des neuen Staates wurde **Pliska** bei Schumen; Asparúch (681 bis 702) wurde erster Khan aller bulgarischen Stämme, und der Staat wurde **Bulgarien** genannt.

Unter **Khan Krum**, (803 bis 814) wurden dem Bulgarenreich viele von slawischen Stämmen bewohnte Gebiete angegliedert: Das Schwarzmeergebiet südlich des Balkans, Nordthrakien, das Rhodopengebiet und Mazedonien.

Die Assimilationspolitik des Ersten Bulgarischen Reiches führte zur Vereinigung der dortigen Stämme zu einem zentralisierten Staat, der sich Byzanz entgegenstellte.

Rosenfest im Rosental

Sofia: Die Alexánder-Newski-Kathedrale

... und das Alexánder-von-Battenberg-Schloß

Russe: Im Stadtzentrum

Malerische Brücke in der Nähe von Russe

Das Gesicht des ländlichen Bulgariens

Dörfliche Idylle

Eine Zäsur in der Geschichte Bulgariens stellt die **Christianisierung** unter **Khan Borís I. Michail** (852 bis 889) dar, die das Erste Bulgarische Reich in die "Familie der christlichen Herrscher und Völker" einführte und die politische und kulturelle Entwicklung des mittelalterlichen Bulgarien in eine andere Richtung lenkte. Der Herrscher nannte sich nun nicht mehr "Khan", sondern "Großfürst" und von 913 an "Zar und Alleinherrscher der Bulgaren". Fürst Borís I. Michail beauftragte die Brüder Konstantín Kyrill Philosoph und Methód im Jahr 855 mit der Schaffung eines **bulgarischen Alphabetes**, das später von ihren Schülern auch in den anderen slawischen Ländern verbreitet wurde. Der große Beitrag der Brüder zum Entstehen einer eigenständigen bulgarischen Kultur bestand aber auch darin, daß sie nach langen Disputen und öffentlichen Zerwürfnissen mit Rom durchsetzten, daß die Bibel ins Bulgarische übersetzt werden und in den Kirchen in bulgarischer, nicht wie sonst üblich nur in lateinischer Sprache gepredigt werden durfte.

Die Ansprüche Bulgariens auf eine militärisch-politische Hegemonie wurden von **Zar Simeon dem Großen** (893 bis 927) durchgesetzt. Unmittelbar nach seiner Inthronisierung machte er **Velíki Presláw** zur Hauptstadt des bulgarischen Staates. Unter Zar Simeon wurde Bulgarien, das sich vom Schwarzen Meer bis zur Adria und von den Karpaten bis zum Ägäischen Meer ausdehnte, einer der territorial größten europäischen Staaten. Im Jahre 913 war Byzanz gezwungen, den Titel Simeons des Großen, "Zar der Bulgaren", anzuerkennen, eine Würde, die das Byzantinische Reich vorher keinem der europäischen Herrscher zugesprochen hatte.

Die Zeit Zar Simeons wird auch das **"Goldene Zeitalter"** der bulgarischen Kultur genannt. Er ließ die Hauptstadt Velíki Presláw so umgestalten, daß sie in ihrer Pracht mit Konstantinopel wetteifern konnte. Nach Simeons Tod geriet der bulgarische Staat in eine schwere politische und soziale Krise. Die Nachbarstaaten sahen ihre Chance gekommen und erhoben sich gegen Bulgarien. Diese Situation ausnutzend, gelang es Byzanz im Jahre 971, die östliche Hälfte des Bulgarenreiches und die Hauptstadt Veliki Presláw zu erobern.

Im Südwesten des Landes behauptete der bulgarische Staat seine Unabhängigkeit und setzte seine Auseinandersetzungen mit Byzanz fort. Sein politisches und kirchlich-religiöses Zentrum wurde nach **Ochrid** verlegt, das somit die dritte bulgarische Hauptstadt wurde. Nach langem Widerstand und mehreren Schlachten, die bekannteste von ihnen unter **Zar Samuil**, verfiel der bulgarische Staat und geriet wieder ganz unter die Herrschaft von Byzanz.

Das Zweite Bulgarische Reich

Die Wiedergewinnung der Unabhängigkeit und die Gründung des **Zweiten Bulgarischen Reiches** (1186 bis 1396) war das Ergebnis der bulgarischen Befreiungsbewegung in den Gebieten zwischen der Donau und dem Balkan, die von 1185 bis 1188 von den Brüdern **Assén** und **Peter** angeführt wurde.

Das Zentrum dieser Befreiungsbewegung, **Tarnovgrad** (das heutige Velíko Tarnovo), wurde die vierte Hauptstadt des mittelalterlichen Bulgarien. Nach der Befreiung der nordbulgarischen Gebiete richteten die Neubegründer ihre Bemühungen darauf, dem bulgarischen Staat die Gebiete in Mazedonien und südlich des Balkans anzugliedern.

Im Jahre 1204 trat in der politischen Situation auf der Balkanhalbinsel eine wesentliche Veränderung ein. In dieser Zeit der Kreuzzüge wurde Byzanz von den westeuropäischen Rittern erobert. Auf seinen Ruinen wurde das Lateinische Kaiserreich errichtet. Sein erster Kaiser, Balduin I. von Flandern, und die westeuropäischen Ritter machten keinen Hehl aus ihren expansionistischen Bestrebungen bezüglich Bulgariens. Die größte und entscheidende Schlacht **Zar Kalojans** gegen die Kreuzritter fand 1205 bei Adrianopel (Edirne) statt und endete mit einem Sieg des bulgarischen Heeres.

Zehn Jahre später kam Zar **Ivan Assén II.** (1218 bis 1241) an die Macht, und dank seiner geschickten Politik erlangte Bulgarien eine gewaltige territoriale Ausdehnung. Es erstreckte sich vom Schwarzen Meer bis zur Adria wie einst unter Simeon dem Großen.

In der zweiten Hälfte des 13. Jahrhunderts war die Geschichte Bulgariens gekennzeichnet von den Übergriffen der **Goldenen Horde** der Tataren (Chanat Kiptschak), denen es schließlich gelang, Bulgarien zu einem ihrer Vasallenstaaten zu machen.

Charakteristisch für das erste Drittel des 14. Jahrhunderts war der Prozeß der allmählichen Zersplitterung Bulgariens. **Zar Iván Alexánder** (1331 bis 1371) konnte nicht verhindern, daß das Bulgarische Reich Mitte des 14. Jahrhunderts in die Königreiche Tarnovo und Vidin, sowie in die Herrschaftsgebiete Dobrudsha und Welbashd zerfiel.

Die osmanische Fremdherrschaft

Diese Spaltung am Vorabend der türkischen Eroberungszüge hatte schicksalhafte Folgen für die Geschichte Bulgariens und der Balkanhalbinsel insgesamt. Mitte des 14. Jahrhunderts kam mit dem **Osmanischen Reich** eine neue Großmacht auf dem Balkan und in Europa auf. Der Vormarsch der Osmanen nach der Schlacht bei Cernomen im Jahre 1371 in das Innere der Balkanhalbinsel zwang die meisten Herrscher, sich zu Vasallen des türkischen Sultans zu erklären und Tribut zu zahlen. Die verheerenden Feldzüge der Osmanen in den bulgarischen Ländern schwächten diese und nahmen ihnen die Widerstandskraft. Die fehlende Einheit zwischen den kleinen bulgarischen und den anderen Balkanstaaten verhinderte die Errichtung eines ernstzunehmenden gemeinsamen Bündnisses zur Abwehr der Osmanen.

Das bulgarische Volk in den zersplitterten Kleinstaaten wurde das erste Opfer der Unterwerfung. Die schonungslos vorgehenden Eroberer legten Siedlungen, Festungen, Kirchen und Klöster in Schutt und Asche. Die selbständige Entwicklung des bulgarischen Staatswesens wurde für nahezu **fünf Jahrhunderte** unterbrochen. Diese für die Bulgaren auch heute noch traumatische Ära wirkte sich äußerst negativ auf die gesamte weitere Geschichte des bulgarischen Volkes aus.

Die zentralen staatlichen Institutionen des mittelalterlichen Bulgarien wurden aufgelöst und durch eine streng zentralisierte orientalische Militärdespotie ersetzt. Durch diese grundlegende Veränderung des bürokratischen Apparates, von dem Bulgaren nun ausgeschlossen blieben, war es den Eroberern möglich, ihre administrative Ordnung duchzusetzen und wirtschaftliche Ressourcen, Naturreichtümer und Arbeitskräfte in vollem Umfang in den Dienst der osmanischen Kriegsmaschinerie zu stellen. Zielgerichtet brachten sie das bulgarische Volk um seine politischen und geistigen Vorkämpfer und nahmen ihm so mögliche Führer im Befreiungskampf gegen die Fremdherrschaft.

Mit der Annullierung des Staates verloren die Bulgaren zugleich auch ihre zweite einflußreiche nationale Organisation, die Kirche.

Eine Reihe von Belastungen traf auch die bulgarische Wirtschaft. Das Land, beinahe ein Jahrhundert Schauplatz ständiger Kämpfe, war verwüstet, viele fruchtbare Gebiete waren verödet. Und der Rekultivierungsprozeß wurde durch das aufgezwungene türkische Feudalsystem, das sogenannte Timar-System, gehemmt.

Auch in bevölkerungspolitischer Hinsicht waren die Folgen, die der osmanische Überfall mit sich brachte, katastrophal: Die Zahl der Opfer ist nicht genau festzulegen, aber alle Angaben bezeugen eine an Ausrottung grenzende Dezimierung der Bevölkerung. Während der Fremdherrschaft wurden Zehntausende Bulgaren auf Sklavenmärkten verkauft. Für ihr Volk für immer verloren waren auch jene, die vor dem osmanischen Schwert in benachbarten oder auch entfernten Ländern Zuflucht suchten. Ein Teil der christlichen Bevölkerung wurde gezwungen, nach Kleinasien auszuwandern, an ihrer Stelle wurden Muselmanen angesiedelt. Ihre Zugehörigkeit zum bulgarischen Volk verloren auch jene, die gezwungen wurden, zum Islam überzutreten, was massenweise der Fall war. Die grausamste Form der Entnationalisierung durch die Bekehrung zum Islam war die sogenannte Blutsteuer (devsirme), die die bulgarische Bevölkerung mehr als drei Jahrhunderte entrichten mußte. In bestimmten Zeitabständen wurde der beste Teil der männlichen Jugend ausgewählt, in Janitscharenkorps eingereiht und dort zu fanatischen Kämpfern für den Islam umerzogen.

Eine Reihe von **Volksaufständen** zwischen dem 15. und 17. Jahrhundert und die **Heiduckenbewegung** zeugen vom Widerstand der Bulgaren gegen die Osmanen, aber ebenso von ihrer Machtlosigkeit, sich der verhaßten Besatzer zu entledigen.

Im 18. Jahrhundert bildete sich, wenn auch nur langsam, eine bürgerliche Sozialstruktur heraus. Die junge bulgarische Bourgeoisie - Händler, Unternehmer, Finanzmänner - verkörperte, obwohl abhängig, ökonomisch schwach und politisch schwankend, das revolutionäre Element der Gesellschaft, dem die Führungsrolle in der angebrochenen Epoche der nationalen Befreiung zukam.

In der Zeit der bulgarischen **Wiedergeburt** wurden entscheidende nationale Ideen geprägt: das Interesse für die eigene Geschichte, für weltliche Bildung und geistigen Fortschritt und für die Entwicklung der Muttersprache.

Im 18. Jahrhundert war die bulgarische Widerstandsbewegung hauptsächlich mit den Kriegen des christlichen Europa gegen das Osmanische Reich verbunden. Der Glaube an die Befreiungsmission Rußlands, von den in der zweiten Jahrhunderthälfte geführten russisch-türkischen Kriegen stimuliert, erstarkte. Viele Bulgaren zogen als Freiwillige an der Seite der russischen Armee in den russisch-türkischen Krieg von 1828/1829, den serbischen Aufstand 1804 und den griechischen Aufstand 1821 bis 1827. Die bulgarische Bourgeoisie war inzwischen stärker und zum wichtigen, selbständigen Faktor im wirtschaftlichen Leben des Reiches geworden. Das neuerwachte Selbstbewußtsein der Händler, Handwerker und Unternehmer weckte in ihnen den Wunsch, sich von der fremden Vormundschaft zu befreien und selbst die politische Autorität im Lande zu gewinnen.

Der organisierte Widerstandskampf

Neben den Versuchen, auf legalem Wege die Anerkennung ihrer nationalen Rechte zu erlangen, scheuten die Bulgaren auch nicht den bewaffneten Widerstand gegen die osmanische Fremdherrschaft. So war die Heiduckenbewegung, die traditionelle Form der Selbstverteidigung, weitverbreitet. Eine ganze Welle von Bauernunruhen und -erhebungen überzog Westbulgarien, die jedoch allesamt grausam niederschlagen wurden. Diese Etappe der nationalen Befreiungsbewegung ist mit dem Namen **Geórgi Sawa Rakówski** (1821 bis 1867) aufs Engste verbunden. Rakówski war eine der herausragenden Gestalten des 19. Jahrhunderts in Bulgarien. Er nutzte den zwischen Serbien und dem Osmanischen Reich entstandenen Konflikt, um auf serbischem Territorium mit Unterstützung der Regierung die **Erste Bulgarische Legion** zu gründen. Diese große Kampfabteilung sollte der Kern des künftigen Revolutionsheeres werden. Aber die friedliche Lösung des Konfliktes machte die Legion bald überflüssig und für die serbische Regierung unbequem. Nach Rakówskis Tod wurde seine Arbeit von Gesinnungsgenossen fortgeführt. 1876 wurde in Belgrad die **Zweite Bulgarische Legion** gegründet, die jedoch das gleiche Schicksal wie ihre Vorgängerin erlitt.

In dieser Phase des Suchens nach neuen Wegen und Kampfmitteln zur Befreiung traten Ljuben Karawélov und Wassíl Ivánov Kuntschev, genannt **Wassíl Lewski** ("Der Löwe"), in den Vordergrund. Als Schriftsteller, Publizist und Wissenschaftler setzte sich Ljuben Karawélov an die Spitze der bulgarischen Emigranten in Rumänien.

Wassíl Lewski erkannte, daß die bulgarische Befreiungsbewegung beharrlich und konsequent unter Teilnahme des ganzen Volkes vorbereitet werden mußte, um zu einer wirksamen und politisch unabhängigen Kraft zu werden. Er durchzog zweimal illegal und damit vogelfrei das ganze Land und gründete in fast allen Städten und Dörfern des Landes Revolutionskomitees.

Im Sommer und Herbst des Jahres 1872 ergriffen fieberhafte Revolutionsvorbereitungen das ganze Land, doch eine unüberlegte und eigenmächtige Tat eines seiner Mitstreiter, Dimíter Obschtis, hatte verhängnisvolle Folgen. Die osmanischen Besatzer ließen sofort massenweise Verhaftungen und Prozesse vornehmen. Der "Apostel der Freiheit" Lewski wurde gefangengenommen und zum Tode durch den Strang verurteilt. Für die Bulgaren ist Wassíl Lewski zweifellos auch heute noch die herausragendste Gestalt der jüngeren Vergangenheit.

In den folgenden zwei Jahren befand sich das Revolutionskomitee in einer politisch-ideologischen und organisatorischen Krise, aus der erst Ende des Jahres 1874 **Christo Botev** einen Weg fand. Er vertrat die Auffassung, daß nur eine "unverzügliche, verzweifelte Revolution des Volkes" zur Befreiung führen könne. Christo Botev, der im Alter von 28 Jahren bei den Revolutionswirren umkam, gilt noch heute als eine der markantesten Persönlichkeiten der bulgarischen Geschichte und als einer der bedeutendsten Dichter und Publizisten Bulgariens. Den Höhepunkt in der Entwicklung des bulgarischen revolutionären Befreiungskampfes stellte der **Aprilaufstand** dar. Im Frühling 1876 waren überall fieberhafte Vorbereitungen zu spüren; wegen Verrats mußte die Erhebung vorverlegt werden.

Der Aprilaufstand wurde mit nie dagewesener Härte und gewaltigem militärischem Einsatz niedergeschlagen. 80 Dörfer gingen in Flammen auf, weitere 200 wurden zerstört und ausgeraubt. 30 000 Opfer waren zu beklagen, unter ihnen viele Frauen und Kinder.

Eine breite Diskussion in der ausländischen Öffentlichkeit zwang die europäischen Großmächte, ihre Aufmerksamkeit auf die Ostfrage zu richten. Auf dem Balkan kreuzten sich schon lange die Interessen der Großmächte Rußland, England, Österreich-Ungarn, Deutschland und Frankreich. Die russische Diplomatie wurde aktiv, doch alle Initiativen, die Ostfrage mit friedlichen Mitteln zu lösen, stießen auf den Widerstand der osmanischen Seite. Als der russische Zar Alexander II. 1877 dem Osmanischen Reich den Krieg erklärte, gehörten bereits Tausende von Bulgaren zur russischen Armee. Am bulgarischen Schipka-Paß fand die entscheidende Schlacht statt; seitdem ist er für die Bulgaren ein Nationalheiligtum. Ende November 1877 fiel Pleven, der stärkste Stützpunkt der Türken in Nordbulgarien, und der Siegermarsch der russischen Armee war nicht mehr aufzuhalten.

Am 3. März 1878 unterzeichnete Bulgarien den Präliminarfrieden mit dem besiegten Osmanischen Reich. Der bulgarische Staat erhielt den Status eines autonomen Fürstentums. Der 3. März ist seit 1990 der Nationalfeiertag des Landes.

Großbritannien und Österreich-Ungarn waren mit der Regelung jedoch nicht einverstanden; die Aussicht auf ein großes, politisch mit Rußland verbündetes Bulgarien widersprach ihren eigenen Balkan-Plänen, und so bestanden sie auf einer Revision des Vertrags. 1878 entschied sich in Berlin unter Teilnahme der Großmächte das Schicksal Bulgariens.

Ungeachtet des Widerstands der russischen Delegation wurde Bulgarien in drei Teile gespalten. Dem **Fürstentum Bulgarien** blieben nur die Gebiete Nordbulgariens; Südbulgarien - als **Ostrumelien** verselbständigt - verblieb unter politischer und militärischer Oberhoheit des Sultans. **Mazedonien und Südthrakien** gehörten weiter zum Osmanischen Reich.

Die Bulgaren fanden sich mit der ihnen von den Großmächten aufgezwungenen Ungerechtigkeit nicht ab. Schon im November 1878 brach ein Aufstand in Kresna, Raslog und

Melnik aus, der von türkischen Soldaten, die mit britischen Schiffen nach Saloniki gebracht worden waren, grausam niedergeschlagen wurde.

Im Fürstentum Bulgarien war der Weg zur freien Entwicklung offen. 1879 wurde die Tarnovoer Verfassung verabschiedet, die den Aufbau einer bürgerlich-demokratischen Gesellschaftsordnung sicherte.

1879 wurde der 22jährige **Alexánder von Battenberg** Fürst von Bulgarien. Nach dem Tod des russischen Zaren verschlechterten sich die Beziehungen zu Rußland. Nach langen Kämpfen und einer gründlichen Vorbereitung wurde der Anschluß Ostrumeliens an Bulgarien erklärt und die vom Sultan abhängige Regierung abgesetzt. Die Reaktion der anderen europäischen Mächte war scharf: Serbien und Griechenland protestierten gegen das verletzte Gleichgewicht auf der Halbinsel und befürchteten, daß sich ähnliches demnächst auch in Mazedonien ereignen könnte. 1885 erklärte Serbien Bulgarien den Krieg, äußerst gereizt wegen der erfolgreichen Vereinigung der bulgarischen Gebiete und der Tatsache, daß Bulgarien nach der Vereinigung das territorial größte Land auf dem Balkan nach dem Osmanischen Reich darstellte.

Anfang November 1885 rückten zwei serbische Armeen gegen Bulgarien vor, die jedoch binnen drei Wochen vom bulgarischen Heer zurückgeworfen wurden.

Bereits kurz nach dem Krieg zwang ein Putsch den Fürsten zum Rücktritt. Zu seinem Nachfolger wurde 1887 der Oberleutnant der österreich-ungarischen Armee, **Ferdinand von Sachsen-Coburg und Gotha**, gewählt. Am 22. September 1908 proklamierte Ferdinand die bulgarische Unabhängigkeit, Bulgarien wurde zum Zarenreich erklärt.

Anfang des Jahres 1912 bildeten die christlichen Balkanländer ein Bündnis mit dem Ziel, die Osmanen vom Balkan zu vertreiben, und im Herbst desselben Jahres griffen sie das Osmanische Reich an. Als Ergebnis des **Balkankrieges** (1912 bis 1913) wurde das Osmanische Reich geschlagen und mußte fast alle Territorien auf der Halbinsel abtreten. Schon während der Kriegshandlungen und nach der Unterzeichnung des Friedensvertrags kamen große Gegensätze bezüglich der Aufteilung der befreiten Gebiete zwischen den Verbündeten auf, was 1913 zu einem erneuten Krieg führte. Die bulgarische

Armee kämpfte gleichzeitig gegen Rumänien, Serbien, Montenegro und Griechenland und war schließlich gezwungen, einen Friedensvertrag zu schließen. Bulgarien erlitt große Verluste: 70 000 Gefallene, 60 000 Quadratkilometer verlorenes Gebiet und Reparationszahlungen in Millionenhöhe. Zwei Jahre später wurde Bulgarien vom Zaren Ferdinand und der Regierung von Radosslavov in den **Ersten Weltkrieg** verwickelt, an der Seite der Mittelmächte Deutschland und Österreich-Ungarn. Bulgarien verlor auch diesen Krieg und mußte weitere 11 000 Quadratkilometer teils an Serbien, teils an Griechenland abtreten.

Die über 100 000 Kriegstoten forderten einen Verantwortlichen; Zar Ferdinand mußte nach dieser zweiten Niederlage schließlich abdanken. Den Thron bestieg sein Sohn **Borís III.**

Am neunten Juni 1923 putschte das Militär, und durch Erlaß des Zaren Borís III. wurde eine neue Regierung gebildet. Die kommunistische Partei, deren Einfluß in den Nachkriegsjahren wuchs, verhielt sich bei dem Militärputsch neutral. Doch die **Komintern** glaubte, daß die revolutionäre Krise weiterexistierte und überzeugte die kommunistische Partei von der Notwendigkeit eines bewaffneten Aufstands in Bulgarien. Als Vermittler dieser Idee fungierten Geórgi Dimitróv und Wassíl Kolárov. Bei dem Aufstand ließen Tausende, vor allem Bauern, im Kampf gegen Polizei und Armee ihr Leben.

1926 bildete Andréij Ljaptschev eine Regierung, die das Land in eine relative politische und wirtschaftliche Stabilisierung führte. In den nächsten Jahren wechselten einige Regierungen, und Zar Borís III. rückte auf der politischen Bühne immer entschiedener in den Vordergrund. Nach 1933 erlebte das Land dann einen großen Aufschwung in Wirtschaft, Handel und Kultur.

Beim Ausbrechen des **Zweiten Weltkrieges** erklärte die Regierung ihre Neutralität, 1941 aber schloß sich Bulgarien dem **Dreimächtepakt** an und wurde zu einem Satelliten Nazideutschlands.

Nach dem Überfall Deutschlands auf die Sowjetunion beschloß die bulgarische kommunistische Partei auf Anordnung von Moskau, eine Widerstandsbewegung zu organisieren. 1943 starb Zar Borís unerwartet, sein Tod rief eine

Krise in staatlicher und politischer Hinsicht hervor. Den Thron bestieg der sechsjährige **Simeon II.** Das Vordringen der **Roten Armee** nach Westen und ihr Annähern an die Balkanhalbinsel aktivierte die kommunistische Bewegung; Moskau erklärte Bulgarien den Krieg.

1944 wurde ein totalitäres System sowjetischen Typs in Bulgarien errichtet. Die Wirtschaft, die Armee und die Außenpolitik wurden in den nächsten Jahren vollständig auf die Interessen der Sowjetunion ausgerichtet und ihnen unterworfen. Die Monarchie wurde abgeschafft, die Zarenfamilie und der neunjährige Zar Simeon II. emigrierten über die Türkei nach Ägypten. Heute lebt Zar Simeon mit seiner Familie in Madrid. Nach dem Einmarsch der Sowjetarmee in Bulgarien wurde die **Regierung der Vaterländischen Front** gebildet. Ihr gehörten Vertreter der Kommunisten, der Bauernpartei, der politischen Organisation "Sweno", der Sozialdemokratischen Partei und zwei Parteilose an.

Die Regierung der Vaterländischen Front

Die Kommunistische Partei fühlte ihre Macht immer mehr erstarken und wollte keine Verhandlungen mehr mit der Opposition führen. Am 15. September 1946 wurde Bulgarien zur Volksrepublik erklärt. In den folgenden zwei Jahren wurden die Oppositionsparteien zerschlagen, ihre Führer grausam ermordet und ein totalitäres Einparteiensystem errichtet.

Das stalinistische System setzte sich auch in Bulgarien mit eiserner Hand durch. Es funktionierte nach dem Prinzip: "Wer nicht mit uns ist, ist gegen uns, also ein Feind der Republik". Die ganze innen- und außenpolitische Tätigkeit der Partei beziehungsweise des Landes wurde unmittelbar von Sowjetrußland gesteuert. So wurde mit der Billigung Moskaus 1956 **Todor Shivkov** erster Sekretär des Zentralkomitees der Kommunistischen Partei und somit Staatsoberhaupt und blieb auf diesem Posten bis 1989, als er durch den gesellschaftlichen Umbruch abgesetzt wurde.

Wie alle sozialistischen Länder war auch Bulgarien mit dem Warschauer Pakt, dem Rat für gegenseitige Wirtschaftshilfe und am engsten mit der Sowjetunion selbst verbunden. Die Gleichberechtigung während der "Volksdiktatur" bedeutete praktisch, daß jeder nur gerade sein Auskommen hatte, und lediglich die Schicht der privilegierten Parteielite genoß die vielgerühmten Errungenschaften des Sozialismus. Das Land befand sich in totaler Isolierung, abgesehen von den Beziehungen zu den anderen sozialistischen Ländern und der Sowjetunion.

In den 80er Jahren beobachtete man eine gewisse Auflockerung des Sozialismus, ein Bestreben, auch mit der westlichen Welt Kontakte aufzunehmen. In die Parteispitze drängte eine neue Generation, die längere Zeit im Westen gelebt und moderne Auffassungen über den Sozialismus hatte und reformistisch gestimmt war. Es war die Zeit, in der Gorbatschow das Eis in den sowjetisch-amerikanischen Beziehungen aufbrach. Die antikommunistischen Tendenzen in Osteuropa nahmen ihren Anfang, und innerhalb der Intelligenz Bulgariens bildete sich immer deutlicher die Gruppe der Dissidenten heraus. Die bekanntesten unter ihnen waren **Shelju Shelev**, Doktor der philosophischen Wissenschaften, **Blaga Dimitrova**, Schriftstellerin, **Jordan Wassílev**, Schriftsteller und Journalist, **Peter Manolov**, Dichter, und **Radoi Ralin**, Satiriker.

Die Zeit des Umbruchs

1989 wurden die organisierten Protestmeetings und die öffentlichen Demonstrationen einer Ablehnung der Politik der kommunistischen Partei immer häufiger. Es wurde der "Club für Glasnost und Demokratie" gegründet, der viele fortschrittliche Intellektuelle gegen die kommunistische Partei vereinte. Daneben entstanden weitere **demokratische Bewegungen**, die mit ihren Tätigkeiten den Sturz des totalitären Systems beschleunigten. Es entstand die erste unabhängige Gewerkschaft **"Podkrepa"** ("Unterstützung"), die viel zu den demokratischen Wandlungen im Land beigetragen hat. Die Regierung reagierte, indem sie Shivkov durch den bisherigen Außenminister Peter Mladenov ablöste; die einzige Neuerung war allerdings der Name der kommunistischen Partei, die sich in "sozialistische" umbenannt hatte. Die Macht befand sich wie bisher in den Händen der früheren Parteioberschicht.

Seit der Gründung des oppositionellen **Bundes der demokratischen Kräfte** im Jahre 1989 durch Sheljo Shelev waren in der Hauptstadt Sofia und den größeren Städte Plovdiv, Varna,

Russe, Blagóevgrad und Burgás Protestkundgebungen und Demonstrationen an der Tagesordnung. Es herrschte eine vorher nie dagewesene Euphorie und Begeisterung, ein Gefühl der Freiheit; alles, was bisher geflüstert worden war, wurde laut vor Hunderttausenden von jubelnden Menschen auf den Plätzen mit Mikrophonen gerufen. Sofia ähnelte in dieser Zeit einem brausenden Meer und war von Massenstreiks, Demonstrationen und Meetings überströmt. Die sozialistische Regierung war gezwungen, ihren Rücktritt einzureichen. Es wurde eine Koalitionsregierung mit dem parteilosen Juristen Dimiter Popov an der Spitze gebildet, die bis zu den nächsten Wahlen zur Volksversammlung 1991 existierte. Mit dem Sieg des Bundes der demokratischen Kräfte in diesen Wahlen wurde die erste demokratische Regierung Bulgariens nach 1944 konstituiert. Die Position des Bundes der demokratischen Kräfte wurde Anfang des folgenden Jahres noch gestärkt, als ihr Anführer Shelju Shelev bei allgemeinen Wahlen am 19. Januar 1992 zum Präsidenten des Landes gewählt wurde.

Der Demokratisierungsprozeß und der Eintritt in die Marktwirtschaft haben sich alswesentlich langwieriger und komplizierter als zunächst angenommen erwiesen, und die Bevölkerung muß große Entbehrungen hinnehmen; trotzdem sind die Bulgaren zuversichtlich, denn im Unterschied zu ihren Nachbarn und den ehemaligen Sowjetrepubliken verlaufen die Umwandlungen friedlich, ohne Gewalt, ohne ein einziges Todesopfer, was keineswegs selbstverständlich ist , wie das Beispiel Jugoslawien auf erschreckende Weise zeigt.

Seit dem Dezember 1992 ist Bulgarien assoziiertes Mitglied der Europäischen Gemeinschaft. Der erste Handelsvertrag zwischen Bulgarien und der EFTA wurde im Februar 1993 abgeschlossen.

Kultur

Folklore

Bulgariens Folklore ist reichhaltig, weil sie über die Jahrhunderte hinweg gepflegt und weiterentwickelt wurde.

Die **Volkstänze**, **-lieder** und **-trachten** sind stark regional geprägt. So sind zum Beispiel die Trachten im Gebiet der **Schopen** (Schopluka), dem Gebiet um Sofia, weiß mit kleinen bunten Stickereien. Die Männer tragen weiße Hosen, dazu kurze, gerade Röckchen, weiße Hemden mit einem roten Gürtel um die Taille und weiße Pelzkappen. Die Frauen tragen weiße Kleider mit bunten Verzierungen um das Dekolleté und am unteren Saum.

Die Trachten der anderen Regionen, etwa der **Thrakischen**, **Nördlichen**, **Piriner** und **Dobrudshaner Region**, sind prachtvoll und farbenfroh mit überwiegend leuchtenden Farben: rot, blau, gelb, grün. Die Frauen tragen meist ärmellose, tiefausgeschnittene Kleider und darunter reichverzierte breitärmelige weiße Blusen; auf dem Kopf haben sie Tücher oder bei Festen kunstvolle Verzierungen aus Blumen und bunten Bändern. Die Schürzen sind handgewebt und mehrfarbig. Die Männer tragen dunkle, meist braune Hosen, weiße Hemden, rote Gürtel um die Taille, dunkle Jäckchen und dunkle Pelzmützen. Männer wie Frauen tragen Opanken, flache Schuhe aus einem Stück Leder, das mit einem kreuzweise gebundenen Riemen um Fuß und Knöchel gewunden wird.

Die bulgarischen Männer waren kunstvolle **Holzschnitzer** und **Töpfer**. Auch heute noch sind die mit Schnitzereien versehenen Teller und die bunten, mit dem typisch bulgarischen Pfauenaugen-Muster bemalten Töpfe beliebt. Im 18. und 19. Jahrhundert wurden zahlreiche Holzschnitzereischulen gegründet, die bekanntesten sind die **Trjavnaer Schule** und die **Trojaner Schule**. In den reichen Bürgerhäusern dieser Zeit und vom Anfang des 20. Jahrhunderts kann man wundervolle Holzdecken mit Schnitzereien bestaunen.

Die bunten **Trachten** wurden von den Frauen angefertigt: Die Wolle wurde versponnen, dann gewebt und genäht. Die Tücher, Hemden und Tischdecken wurden mit typischen bulgarischen Mustern bestickt.

Erstaunlich sind der Umfang und die große Vielfalt in der bulgarischen **Tanzkunst** und im **Liedgut**. Für die bulgarische Volksmusik sind die ungeraden Takte: 5/8, 7/8, 9/8 und 11/8 charakteristisch. Typische Instrumente sind die Hirtenflöte (Kavál), die Fiedel (Gadúlka), der Dudelsack (Gaida), die Tamburizza (Tamburá), die Klarinette (Klarinét), die große Trommel (Tapan) und später auch das Akkordeon.

Die Tanzkunst und das Liedgut werden heute von einer Reihe Ensembles gepflegt, von denen einige weltbekannt sind, wie zum Beispiel das von Philipp Kutev, die Musikgruppe "Pirin" oder das Trio "Balgarka".

Bräuche und Traditionen

Namenstage

In Bulgarien ist es üblich, die Namenstage zu feiern. Eigentlich werden die Gäste nicht eingeladen, sondern kommen von selbst vorbei, um dem Betreffenden zu gratulieren. In letzter Zeit hat es sich aber doch eingebürgert, Verwandte und Freunde extra zu sich zu bitten. Das Fest wird ähnlich dem Geburtstag gefeiert, es werden kleine Geschenke und Blumen überreicht. Dem Namenstagskind wird mit den Worten: "Lebe glücklich mit Deinem Namen!" gratuliert.

Fast alle Namenstage stehen im Kalender fest, nur einige wenige richten sich nach Ostern. Wenn ein Name nicht im Kalender steht, dann wird er je nach dem Anfangsbuchstaben an anderen Tagen gefeiert, beispielsweise Miléna am Marientag. Alle "Blumennamen" wie Violétta, Rosa, Margaríta, Detelína oder Sdrawka werden am Zwetniza (Palmsonntag) gefeiert. Besonders geehrt werden die Heiligen: Wassíl am 1. Januar, Jordán am 6. Januar, Iván am 7. Januar, Valentin am 14. Februar (fällt mit dem bulgarischen Fest des Winters zusammen), Geórgi am 6. Juni (dann wird Lammfleisch gegessen), Peter und Pavel (Paul) am 29. Juni (an diesem Feiertag darf man übrigens nicht im Meer baden), Dimíter am 26. Oktober und Nikolai am 6. Dezember.

Andere Festtage

In Bulgarien werden neben den Namenstagen noch viele andere Feste gefeiert, die wie die Namenstage jedoch nicht arbeitsfrei sind.

Der 8. März (**Ossmi mart**) wird als Internationaler Tag der Frauen begangen. An diesem Tag bekommen die Frauen Frühlingsblumen und kleine Präsente. **Parwa prolet** (der erste Frühlingstag) wird am 22. März gefeiert, es ist das Fest der Neuen Hoffnungen. **Den na deteto** (Internationaler Kindertag) findet immer am 1. Juni statt. An diesem Tag werden große Kinderspiele und Wettbewerbe veranstaltet, und die Kinder bekommen Leckerbissen. **Studentski prasnik** (das Studentenfest) feiert man am 8. Dezember. Es werden Studentenbälle gegeben, mit denen man die Jugend und die Schönheit feiern will.

Alte heidnische und christliche Feiertage

Der Neujahrstag ist der Tag der **Surwakari**. Auf diesen Tag bereiten sich die Kinder schon lange vorher vor. Es wird eine Surwakniza gekauft oder gemacht, das ist eine Rute aus Kornelkirschbaum, die geschmückt wird. Kinder im Alter von etwa 10 bis 12 Jahren gehen von Haus zu Haus, schlagen die Erwachsenen mit der Rute auf den Rücken und wünschen ihnen dabei Gesundheit und Glück im neuen Jahr. Man glaubt, daß die Rute das Böse verjagt. Dafür werden die Kinder reich beschenkt.

Am 21. Januar, dem **Babinden** (Großmuttertag), besucht man die älteste Frau der Familie. Das ist ein Feiertag der Frauen, die schon Großmütter sind oder ein Kind zur Welt gebracht haben.

Am 2. Februar wird mit dem **Petljowden** der "Tag des Hahns" gefeiert. An diesem Tag spendieren die Mütter, die einen Sohn haben, einen Hahn auf das Wohl des zukünftigen Mannes.

Der Winzertag **Trifon Saréskan** wird am 14. Februar begangen. Das Fest ist vermutlich thrakischer Herkunft. Nach dem Beschneiden der Reben und dem Begießen der Weinstöcke mit Wein werden Rebenkränze gebunden und ein "Rebenkönig" gekrönt.

Baba Marta (Großmutter Marta) wird am 1. März gefeiert. Früher glaubte man, daß dieser Monat weiblichen Geschlechts sei und von einer Zauberin verwaltet werde, weil das Wetter in diesem Monat so wechselhaft wie die Launen einer Frau sei. Am ersten März schmücken sich alle Bulgaren mit einer **Marteniza** ("Märzschmuck") aus weißen und roten Bändern und tragen sie solange, bis sie einen Storchen gesehen haben. Dann verstecken sie den Schmuck unter einem Stein und sprechen laut einen Wunsch aus, der so in Erfüllung gehen soll.

Sieben Wochen vor Ostersonntag wird **Sagowesdni** begangen. Die jungen Menschen besuchen die älteren und bitten sie um Verzeihung, um frei von Schuld die am nächsten Tag beginnende Fastenzeit begehen zu können.

Todorovden, der Tag des heiligen Theodor, ist immer 43 Tage vor Ostern. An diesem Tag werden Pferderennen veranstaltet.

Lasarovden (Lasarstag) wird immer am Samstag acht Tage vor Ostern begangen. An diesem Tag singen und tanzen die 10 bis 12- und die 13 bis 17jährigen Mädchen, die Lasarki, in zwei Reihen und vertreiben mit ihrem Gesang das Böse und beten um Fruchtbarkeit und Glück. Der folgende Tag heißt **Zwetniza**, Palmsonntag, an dem Weidenzweige, die bereits Knospen haben, gepflückt und zu Kränzen gebunden werden. Das soll Glück und gute Gesundheit bringen.

Welikden (Ostern) ist Ende April, Anfang Mai. Mit bunten Eiern, hausgebackenem Brot und Osterkuchen wird dieses große christliche Fest gefeiert. Es hat in Bulgarien aber auch manche heidnische Züge, zum Beispiel wird an der Decke des Zimmers an einen Faden ein Stück Osternhalwa (türkischer Honig) gehängt, und die Kinder versuchen, etwas davon abzubeißen; das Kind, dem das gelingt, soll sehr glücklich werden. Am Ostermontag finden die Kukeri-Spiele und die Maskentänze statt, mit denen die bösen Geister verjagt werden sollen.

Koleda (Weihnachten) ist das größte Fest im Lande und wird genauso wie in Mitteleuropa gefeiert. Am Heiligen Abend versammelt sich in jedem Dorf und in jeder Kleinstadt eine Schar 12 bis 16jähriger Jungen, die alle Familien besuchen. Sie singen Lieder und wünschen Freude, Glück und Fruchtbarkeit. Von jedem Haus bekommen sie Geschenke. Die Burschen werden Koledari, Weihnachtsburschen, genannt und das Fest Koledúvane.

Andere Feste und Veranstaltungen

Anfang **März** finden in Pernik, Kjustendíl und in anderen Städten und Dörfern **Kukeri-Feste** statt. Es handelt sich dabei um Feiern mit einem festlichen Umzug, Kukeri-Spielen und Maskentänzen.

Mitte bis Ende März wird in Russe das internationale **Festival der Märzmusiktage der Symphonischen Musik** organisiert. Das Festival dauert zweieinhalb Wochen lang. Bulgarische und ausländische Orchester, Dirigenten und Solisten nehmen daran teil.

In der ersten Woche im Mai wird die Rallye **Albéna - Goldstrand - Sliven** gestartet, die ein Teil der Europameisterschaft im Autorennen ist.In Plovdiv findet derweil die **Frühjahrsmesse** statt.

Vom 24. Mai bis Mitte Juni gehen die Internationalen **Sofioter Musikwochen** über die Bühne. Sie sind das größte musikalische Ereignis Bulgariens, die Gäste sind dementsprechend von internationalem Rang.

Anfang des Monats Juni wird in Albéna alljährlich ein Internationales **Schachturnier** und Schachfestival veranstaltet. Ein paar Tage später ist das Internationale **Boxturnier**, ebenfalls in Albéna.

Am 2. Juni wird des Todestages des bulgarischen Freiheitskämpfers **Christo Botev** gedacht. An diesem Tag werden alle im Kampf um die Freiheit gefallenen Kämpfer geehrt. Um zwölf Uhr stehen im ganzen Land der Verkehr und alle Maschinen still zur feierlichen Schweigeminute für die Freiheitskämpfer. Manchmal wird ein Fußmarsch von der Donau bis zum Gipfel Okoltschiza, nicht weit von Vraza, organisiert, wo dann die Hauptkundgebung stattfindet. Eine weitere Kundgebung findet jedes Jahr in Botevs Geburtsstadt Kalofer statt.

Am 5. Juni wird im Rosental bei Kasanlák und Karlovo das **Fest der Rose** gefeiert, das jedesmal eine große touristische Attraktion ist. Am Sonnenstrand wird jedes Jahr das Internationale **Schlagerfestival "Goldener Orpheus"** veranstaltet. Dabei werden bulgarische Schlager und heimische wie ausländische Interpreten ausgezeichnet.

In Burgás kann man das Internationale **Turnier für moderne und lateinamerikanische Tänze** besuchen.

Mitte **Juli** findet in Plovdiv das Internationale **Festival der Kammermusik** statt. Von Mitte Juni bis Mitte Juli steht das Internationale **Musikfest "Varnaer Sommer"** auf dem

Terminkalender, das eine Fortsetzung der Sofioter Musikwochen ist. Alle zwei Jahre wird auch ein internationaler Ballettwettbewerb im Rahmen des Varnaer Sommers organisiert.

In der ersten Hälfte des August wird in den Schwarzmeerstädten und den Seebädern die **"Woche des Meeres"** gefeiert. Dazu werden viele Wassersportveranstaltungen angeboten, Höhepunkt ist die Wahl der "Miss Albéna".

In Kopríwschtiza wird das internationale **Folklorefestival** veranstaltet. Andere Folkorefestivals finden auch in Burgás, am Roshen-Gipfel und in den Rhodopen statt.

Im September wird in Plovdiv die internationale **Technische Mustermesse** veranstaltet.

Der bulgarische Kalender

Die Bulgaren sind ein altes Volk, das schon seit der Antike über astronomische Kenntnisse verfügt und anhand dieses Wissens einen eigenen Kalender erstellte. Der altbulgarische Kalender war sehr einfach und sehr exakt und überdies auch eine Art Lebensführer. Einige Wissenschaftler vermuten, daß Papst Gregor XIII. (1572 bis 1585), der 1582 die noch heute maßgebliche Kalenderreform durchführte, den altbulgarischen Kalender kannte.

Das Jahr der alten Bulgaren begann am 22. Dezember mit dem Neujahrstag. Das war der Tag Null, ein Feiertag. Der erste Januar war immer am Sonntag und der 30. Dezember immer ein Samstag. In jedem Monat war ein Feiertag - im ersten Monat der erste Tag, im zweiten Monat der zweite Tag und so weiter bis zum zwölften Monat, wo der zwölfte Tag ein Feiertag war. Die Monate hatten 30 Tage, nur Januar, April, Juli und Oktober hatten 31 Tage. Acht Monate mal 30 Tage ist gleich 240, und vier Monate mal 31 Tage ist gleich 124 Tage. Mit dem Neujahrstag macht das insgesamt 365 Tage.

Alle vier Jahre gab es zwischen dem 30. Juni und dem 1. Juli einen Schalttag, "junger Sommertag" genannt, was dem 366sten Tag des Schaltjahres entspricht. Der Kalender der alten Bulgaren wurde von vielen bulgarischen Familien bis Ende des 19. Jahrhunderts benutzt. Er orientierte sich an der Winter- und der Sommersonnenwende. Der altbulgarische Kalender, so behauptet der bulgarische Gelehrte Assén Tschilingírov, wurde vom Jahr 4768 vor unserer Zeitrechnung bis zum 10. Jahrhundert nach Christi benutzt. Älter und perfekter als der chinesische oder der chaldäische, ist er ist ein Beweis für das hohe Niveau der Astronomie der Altbulgaren und wird als eine der vollkommensten Leistungen der Mathematik des Altertums angesehen. Die Bulgaren ererbten ihn vermutlich von den älteren Zivilisationen Mittelasiens und benutzten ihn offiziell bis zur Christianisierung Bulgariens. Es gibt aber auch viele historische Zeugnisse (Anschriften auf Häusern und Mauern), die darauf hindeuten, daß der Kalender bis ins 19. Jahrhundert verwendet oder zumindest in Erinnerung gehalten wurde.

Es gibt heute immer noch viele Feste, die diesem Kalender entstammen, etwa Todorovden oder Babinden.

Einer seiner wenigen Nachteile war, daß er nur in dem Jahr eingeführt werden konnte, dessen 23. Dezember ein Sonntag war. Der Kalender hätte aber auch heute noch Vorteile für Geschäftsleute, Familien und Kinder, vor allem deshalb, weil jeder Tag des Jahres seinen feststehenden Wochentag hat, was das lästige Rechnen überflüssig machen würde. Wer weiß, vielleicht wäre der altbulgarische Kalender für einen zukünftigen, vereinigten Kontinent sogar sehr praktisch, wo viele Völker mit verschiedenen Traditionen und Kulturen miteinander leben!

Literatur

Die Traditionslinie der bulgarischen Literatur führt bis zur sogenannten **altbulgarischen Epoche** zurück; die stürmische literarische Entwicklung unter Zar Simeon I. im neunten Jahrhundert führte mit dazu, daß eine ganze historische Epoche **"Goldenes Zeitalter"** genannt wurde. Diese Literatur des neunten und zehnten Jahrhunderts ist mit zwei für ihre Zeit bedeutenden **literarischen Schulen** verbunden, denen von **Ochrid** und von **Presláv**. Ihre wichtigsten Vertreter waren **Kliment Ochridski**, **Konstantín Preslávski**, **Exarch Johannes** und **Presvyter Kosma**. Man vermutet, daß sich hinter dem Pseudonym **Tschernorísez Chrabar** sogar Zar Simeon I. literarisch betätigte. Ein bemerkenswertes Werk aus dem zehnten Jahrhundert ist die "Predigt gegen die Bogumílen" von Presvyter Kosma. Aus dem zehnten und elften Jahrhundert datieren einige klassische Werke der altbulgarischen Literatur, darunter der Codex Assemanianus der Psalter von Sinai und andere.

Die Literatur erlebte während der **mittelbulgarischen Epoche** im 13. und 14. Jahrhundert eine neue Blüte. Aus dem 14. Jahrhundert sind die Manásses-Chronik und das Londoner Tetraevangeliar des Iván Alexánder weithin bekannt. **Teodóssij Tarnovski** und **Evtimij Tarnovski** sind Vertreter der Mitte des 14. Jahrhunderts entstandenen **literarischen Schule von Tarnovo**. Unter der osmanischen Fremdherrschaft wurde die Literatur in der Abgeschiedenheit der Kirchen und Klöstern gepflegt und fortgeführt.

Die **neubulgarische Epoche** setzt ein mit der Literatur der Nationalen Wiedergeburt, zu der **Paíssij Chilendárski** mit seiner "Slawisch-Bulgarischen Geschichte" von 1762 den Grundstein legte. Weitere namhafte Vertreter dieser Epoche sind **Neóphit Rilski**, **Neóphit Bosveli**, **Petar Berón**, **Naiden Gerov** und **Iván Bogórov**.

Die Literatur wandelte sich zur geistigen Waffe im Kampf für die nationale Befreiung. Ihre national-demokratische Orientierung und ihr patriotisches Pathos sind bei **Ljuben Karavélow**, **Wassíl Drumev**, **Petko R. Slawéjkov**, **Dobri Tschintulov**, den Brüdern **Miladinov** und **Grigór Parlítschev** besonders deutlich zu spüren. Ihren Höhepunkt findet die Literatur der Nationalen Wiedergeburt in den Gedichten und Veröffentlichungen von **Christo Botev** (1848 bis 1876).

Die bulgarische Literatur nach der Befreiung von der osmanischen Fremdherrschaft bot neue Möglichkeiten, die Einbeziehung neuer Themen und Gattungen; neue literarische Strömungen bildeten sich heraus. Der in dieser Periode schaffende **Iván Vasov** (1850 bis 1921) ist einzigartig in der bulgarischen Literaturgeschichte, er erhielt für seine umfassendes literarisches Schaffen den Beinamen "Patriarch der bulgarischen Literatur". Andere bemerkenswerte Schriftsteller aus dieser Periode sind **Sachári Stojánov** (1850 bis 1889), und **Pentscho Slawéjkov** (1866 bis 1912), dessen Gedichte zu den Meisterwerken in der bulgarischen Lyrik gehören. Er verfaßte Übertragungen deutscher Gedichte von Fontane, Lenau, Goethe, Heine, Eichendorff, Liliencron, Theodor Storm und vielen anderen und hat damit viel zur Verbreitung der deutschen Literatur in Bulgarien beigetragen. Slawéjkov ist der einzige bulgarische Schriftsteller, der bisher für den **Literatur-Nobelpreis** nominiert wurde.

In den ersten zwei Jahrzehnten des 20. Jahrhunderts entstand der bulgarische Symbolismus, beeinflußt vor allem von den Strömungen der westeuropäischen und russischen Literatur. Seine Vertreter in Bulgarien sind **Theodór Trajánov**, **Kyrill Christov** und **Nikolái Liliev**. Besonders geschätzt werden auch heute noch die Lyrik von **Pejo Jaworov** sowie die zarten, gefühlvollen romantisch-melancholischen Gedichte von **Dimtscho Debeljánov**.

Unter der Schriftstellergeneration der neunziger Jahre tritt **Aléko Konstantínov** (1863 bis 1897) als profiliertester Autor hervor, der sich mit der Plattheit, dem Egoismus und den rohen Sitten seiner Zeitgenossen nicht abfinden wollte. Neben mehreren Feuilletons und Reisebeschreibungen verfaßte Konstantínov mit dem Roman "Baj Ganju" das Werk seines Lebens. Mit feinem Humor und scharfer Ironie stellt der Autor die Hauptfigur in verschiedenen Situationen im Aus- und Inland kritisch dar, was den Leser meist zwischen Lachen und Weinen schwanken läßt.

In der widerspruchsvollen, äußerst schwierigen Zeit zwischen den beiden Weltkriegen treten die Erzähler **Elín Pelín** (1877 bis 1949) und vor allem **Jordan Jowkov** (1880 bis 1937) deutlich hervor. Jowkov war nicht nur Erzähler, sondern auch Dramatiker; viele seiner Theaterstücke werden auch heute noch aufgeführt.

Geo Milev (1895 bis 1925) gehört zu den außerordentlichsten Persönlichkeiten der bulgarischen Literatur. Er engagierte sich unermüdlich für die Erneuerung der bulgarischen Kultur, sowohl in seinen Werken als auch in seinen kritischen Artikeln über das Theater. Er fühlte sich als Erneuerer, und sein Gefühl der Berufenheit, sein kulturelles Sendungsbewußtsein wurde noch verstärkt durch seine große Belesenheit und seine umfassenden Kenntnisse, die er in Berührung mit der Kunst und dem Theater des Westens erworben hatte. Beeinflußt von den modernistischen Strömungen schuf er eine Poesie mit expressionistischem Stil und symbolistischen Charakter.

Andere Dichter, die die bulgarische Lyrik dieser Periode prägten, waren **Christo Smirnenski** und **Nikóla Vapzárov**.

Smirnenski, genannt “das Sonnenkind”, verstarb bereits im Alter von 25 Jahren, hinterließ aber ein beeindruckendes Œvre, das ihm einen Platz unter den größten Dichtern Bulgariens zuweist. Smirnenski ist der erste Dichter, der den Topos “Stadt” in die bulgarische Literatur einbrachte.

Nikóla Vapzárov (1909 bis 1942) griff in seinem Schaffen zu modernsten Ausdrucksmitteln und bereicherte so den Vers in der bulgarischen Dichtung. Die Unruhe und Spannung des “explosiven” 20. Jahrhunderts hat er unumschränkt in sich aufgenommen und ihnen konkreten, künstlerischen und emotionellen Ausdruck verliehen. Der charakteristische Zug seiner Dichtung ist die Prägung durch das Maschinenzeitalter.

Dimíter Dimov (1909 bis 1966) war einer der bedeutendsten Schriftsteller Bulgariens; er schrieb in der Zeit unmittelbar vor und nach dem Zweiten Weltkrieg, was eine ungeheure Differenziertheit und Vielseitigkeit seiner Werke bewirkte. Seine drei Romane sind verfilmt worden und hatten auch im Kino großen Erfolg. **Dimíter Talev** (1898 bis 1966) hat einen großen Beitrag zur Entwicklung des bulgarischen Romans der 50er und 60er Jahre geleistet. Er beschrieb sie als eine vor kämpferischer Energie sprühende, explosive Zeit, in der das Individuum die Abgeschiedenheit und Privatheit der Familie ablehnt. Später ging er immer stärker vom individuellen Schicksal zu politischen Themen über.

Eine interessante Erscheinung der bulgarischen Literatur sind die Kurzerzählungen von **Tschudomír** (1890 bis 1967), die mit einer expressiven, geistreichen Sprache den Alltag der Bulgaren und der Balkan-Bewohner auf dem Land und in der Stadt kritisch darstellen, dabei aber vor allem auf den komischen Effekt aus sind. Seine humorige Prosa macht ihn zu einem der meistgelesenen bulgarischen Autoren.

Der Anteil an Frauen in der bulgarischen Literatur ist am größten in der Lyrik. Unter den bulgarischen Dichtern tritt **Elissaweta Bagrjana** (1893 bis 1990) als außerordentlich bedeutende Autorin hervor, sowohl durch eine neue Art des Ausdrucks von Gefühlen und Gedanken als auch durch deren Tiefe und Aufrichtigkeit. Neben ihr seien auch **Dora Gabe** (1888 bis 1983) und **Blaga Dimitrova** (geboren 1922) mit ihrem Lyrik- und Prosaschaffen erwähnt. Ihre Lyrik zeichnet sich durch intellektuelle Tiefe und philosophische Prägung aus.

Zu den Meistern der bulgarischen Prosa zählt ferner **Emilián Stanev** (1907 bis 1979). Seine Persönlichkeit wie sein Schaffen offenbaren sich als etwas Großes, Außerordentliches und Einzigartiges. In seinen Romanen gelangte Stanev zu Ansichten und Erkenntnissen, die weit über die seiner Zeitgenossen hinausgingen.

Unter den Dichtern der **zeitgenössischen Literatur** zeichnet sich die ungewöhnliche Persönlichkeit und die originelle, philosophisch durchdrungene zeitlose Dichtung von **Nikolai Kantschev** aus. Er gehört zu den wenigen, die in dem totalitären System ihre künstlerischen und menschlichen Positionen und Prinzipien verteidigten und ihr Schaffen nicht in den Dienst der Herrschenden stellten. Seine Gedichte wurden in Holland, Frankreich, Deutschland und anderen Ländern übersetzt. Die nach 1944 schaffenden Dichter und Schriftsteller haben es besser oder schlechter vermocht, ihre Werke vor dem unerbittlichen Zugriff der Zensur und den Dogmen des kommunistischen Regimes zu schützen. Im Brennpunkt der gegenwärtigen Literaturszene stehen die Autoren Borís Christov, Nadjálko Jordanóv, Stefan Zanev, Iván Radóev Jordán Radítschkov, Iwájlo Petróv, Geórgi Danaílov, Geórgi Mischev, Viktor Paskov sowie Radói Ralin.

Theater

Die bulgarische Schauspielkunst hat lange Tradition und bereichert sie ständig durch neue künstlerische Experimente. Schriften aus dem **10. Jahrhundert** zeugen davon, daß es schon damals Theater und Schauspieler gab. Doch die Anfänge des nationalen bulgarischen Theaters wie der einheimischen Dramatik liegen in den Jahren der **Nationalen Wiedergeburt**.

1856 gaben **Laiengruppen** in Schumen und Lom die ersten wirklichen Theatervorstellungen. Solche Laientheatergruppen entstanden bald in vielen anderen Städten des Landes. Gespielt wurden vor allem Stücke bulgarischer Autoren aus der Zeit der Wiedergeburt.

Nach der Befreiung von der osmanischen Herrschaft wurden die ersten **Berufstheatergruppen** gebildet, deren Repertoire immer reichhaltiger wurde: Shakespeare und Ibsen, Ostrowski, Tolstoi und Tschechov wurden gespielt. Parallel dazu entwickelte sich auch das **nationale Theater**, das mit den Bühnenstücken führender bulgarischer Schriftsteller und Dichter beträchtliche Erfolge verzeichnen konnte. Professionelle Theater gab es nicht nur in Sofia, sondern auch in mehreren anderen Städten. Daneben existierten eine Reihe von **Wanderbühnen**.

In den letzten 45 Jahren sind neben Theaterstücken, die den Kampf der kommunistischen Partei und die von ihr geschaffenen Gesellschaft loben, auch Dramen entstanden, die einen hohen künstlerischen Wert besitzen und die Schauspielkultur Bulgariens prägen.

An der **Theaterhochschule "Krastju Saráfov"** wird der Nachwuchs an Schauspielern, Regisseuren und Theaterwissenschaftlern ausgebildet. Die führende **Theaterbühne** ist das Nationaltheater "Iván Vasov" in Sofia. Andere bekannte Theater Sofias sind das Jugendtheater, das Satirische Theater, das Theater "Sofia", das Theater "199", das Theater der Armee und das Theater "Tränen und Lachen". Jede größere Bezirksstadt verfügt über ein selbständiges Theater. Daneben gibt es in vielen der größeren Städte **Puppentheater**. In den letzten drei Jahren entstanden in Sofia auch die ersten privaten Theater.

Musik

Im Mittelalter war Bulgarien ein Land mit einer blühenden Musikkultur. In Velíko Tarnovo bildete sich eine Schule des nationalen **Kirchengesanges** heraus, die auch die Musik in anderen Ländern beeinflußte. Im 13. und 14. Jahrhundert lebte und arbeitete Johannes Kukuzéles, ein bulgarischer Sänger, Komponist und Musiktheoretiker, der einen bedeutenden Beitrag zur Entwicklung des orthodoxen Kirchengesanges leistete. Heutzutage wird die Tradition von Kukuzéles fortgeführt von der gleichnamigen Acapella-Chorgruppe für altbulgarischen Kirchengesang, die auch im Ausland großen Erfolg hat.

Der Reichtum des bulgarischen **Volksliedes** ist geradezu unerschöpflich. In den letzten Jahren wächst auch in Westeuropa und den Vereinigten Staaten das Interesse für bulgarische Volksmusik immer mehr. Vor einigen Jahren hat die amerikanische Raumstation "Voyager" eine Schallplatte mit ausgewählten Musikstücken als Gruß an die Außerirdischen - so es sie gibt und sie Musikliebhaber sein sollten - in den Weltraum befördert. Zusammen mit Beethovens 9. Symphonie ist auf der Schallplatte auch ein Lied aus den Rhodópen in der Interpretation der Bulgarin Walja Balkánska enthalten.

Die Anfänge der Inszenierung **musikalischer Bühnenwerke** sind im Jahre 1890 zu suchen. Die ersten neueren bulgarischen Komponisten wirkten im 19. Jahrhundert. 1900 schrieb Emanuíl Manólov die erste bulgarische Oper. Kurze Zeit später komponierte Maestro Geórgi **Atanássov** aufeinanderfolgend sechs bedeutsame Opernwerke.

Weit vertreten ist auch das Genre des Chor- und Kunstlieds; auf diesem Gebiet wirkten vor allem E. **Manólov**, P. **Pipkov** und A. **Morfov**. Sehr groß ist der Beitrag von D. **Christov**, der Anfang des 20. Jahrhunderts wirkte. In den 30er Jahren entstanden bemerkenswerte symphonische und musikdramatische Kompositionen sowie Chorkompositionen von P. **Stainov**, P. **Wladigérov**, L. **Pipkov** und M. **Golemínov**.

Im Bereich der **Orchestermusik** entstanden zahlreiche Symphonien, Ouvertüren und symphonische Poeme. Beachtlich ist das Schaffen von Komponisten wie Assén **Karástojanov**, Dimíter **Petkóv**, Geórgi **Slatev-Tscherkin**, Todor **Popóv** und Geórgi **Dimitróv**. In Bulgarien gibt es sieben Opern- und zwei Operettenhäuser, auf deren Spielplänen das Beste der Opernklassik aus der ganzen Welt steht. Die führende musikdramatische Bühne ist das Akademische Nationaltheater für Oper und Ballett in Sofia.

Bulgarien ist für seine erstklassigen **Opernsänger** weltberühmt. Erwähnt seien hier nur die Namen von Borís **Christov**, Nikolái **Gjaúrov**, Raina **Kabáivanska**, Gena **Dimitróva**, Nikóla **Gjusélev** und Anna **Tomova-Sintova**, die alle gegenwärtig auf den großen Weltbühnen außerhalb des Landes tätig sind.

Großartige Erfolge erzielen auf den Bühnen der Welt und bei internationalen Wettbewerben auch die bulgarischen **Instrumentalisten** wie Emíl **Kamilárov**, Boján **Letschev**, Ljuba **Entscheva**, Peter **Christov**, Dina **Schneidermann**, Stoika **Milánova**, Miléna **Mollóva** und Miltscho **Lewíev**.

Den größten Beitrag zur modernen Unterhaltungsmusik haben die Bands **"Sturzíte"** ("Die Grillen") und **"F.S.B."** geleistet.

Film

In den letzten 20 bis 30 Jahren hat sich der Umfang der Produktion an abendfüllenden Spielfilmen, Kurz- und mittellangen Filmen der Filmstudios bei Sofia um ein Vielfaches erhöht. Die Filme sind in thematischer Hinsicht sehr verschieden. Die Spanne reicht von geschichtlichen Ereignissen bis zu psycholgischen und ethnischen Problemen. Zahlreiche hervorragende literarische Werke der Klassik und der Gegenwart wurden adaptiert. Zu den wichtigsten Filmen, die die Entwicklung der bulgarischen Filmkunst geprägt haben, gehören unter anderem "Der Pfirsichdieb", "Zar und General", "Das Ziegenhorn", "Der beste Mensch, den ich kenne", "Liebe", "Die Barriere", "Khan Asparúch" und "Alexander und Alexandra". Wesentliche Erfolge verzeichnet auch der bulgarische Trickfilm, die populärsten stammen von Donjo **Donev**.

Das Filmschaffen Bulgariens ist vor allem mit den Namen der Regisseure Walo **Radev**, Rangel **Waltschánov**, Christo **Christov** und Binka **Sheljáskova** verbunden.

In den letzten fünf Jahren erhielten bulgarische Filme insgesamt 179 internationale Preise.

Bildende Kunst

Älteste Zeugnisse der bildenden Kunst Bulgariens sind die einzigartige Keramik-Ikone des heiligen Theodor Stratilates aus dem 10. Jahrhundert und die Fresken in der Kirche von Bojána aus dem Jahre 1259.

Der Epoche der Nationalen Wiedergeburt ist vor allem ein zielbewußtes Streben nach einer selbständigen Nationalkultur eigen. Während dieser Zeit bildeten sich mehrere **Schulen** heraus, zum Beispiel die von **Trjavna**, **Samokov**, **Bansko** und **Debar**. Die dort ausgebildeten Holzschnitzer und Ikonenmaler arbeiteten überall im Land. Besonders kühn bei der Gestaltung von weltlichen wie religiösen Themen war der bekannteste Vertreter der Zeit der Nationalen Wiedergeburt, Sachári **Sográf**. Andere bekannte Vertreter dieser Epoche waren **Stanisláv Dospévski** und N. **Pavlovitsch**. Unmittelbar nach der Befreiung des Landes von der osmanischen Fremdherrschaft machte sich auch in der bildenden Kunst eine starke Belebung bemerkbar. Gegen Ende des 19. Jahrhunderts schufen die bulgarischen Maler **Mrkvitschka** und **Veschin** ihre ersten bedeutenden Werke. Anfang des 20. Jahrhunderts machten sich vor allem **Nikólov**, **Todoróv** und **Boshkov** um die Weiterentwicklung der bulgarischen Malerei verdient.

Die herausragenden Künstler des 20. Jahrhunderts, die die bulgarische Malerei geprägt haben, sind Vladimir **Dimitróv**, Zanko **Lawrénov**, Slatjo **Bojadshíev**, **Milev**, **Sirák-Skitnik**, Detschko **Usúnov** und Stoján **Venev**.

Moderne, auch über die Grenzen Bulgariens hinaus bekannte Künstler sind Weshdí **Raschídov**, Dimítar **Kasákov**, Emií **Stoitschev** und Nikóla **Manev**, und der weltbekannte "Verpackungskünstler" **Christo** ist ebenfalls Bulgare.

Architektur

In Bulgarien wurden Überreste von Siedlungen aus der Jungsteinzeit und der Kupferzeit und von griechischen Kolonien aus dem siebten bis sechsten Jahrhundert vor unserer Zeitrechnung entdeckt. Zahlreich sind die Zeugen der thrakischen Baukunst und der Architektur während der Römerherrschaft.

Die bulgarische Architektur bildete sich im siebten Jahrhundert, unmittelbar nach der Gründung des Staates heraus. Entsprechend der zentralisierten Staatsorganisation entstand eine monumentale Architektur, von der die Überreste der einstigen Hauptstädte Pliska und Presláv Zeugnis ablegen. Typisch für die bulgarische Architektur des 11. bis 14. Jahrhunderts sind die Fresken und die dekorativen Ornamente aus Naturstein, Ziegeln und glasierten Kacheln.

Während der osmanischen Fremdherrschaft wurde die Mehrzahl der Baudenkmäler zerstört, die damals blühende Entwicklung der Architektur brach ab.

Als ein Teil der Bevölkerung in der Epoche der Nationalen Wiedergeburt zu gewissem Wohlstand gelangte, bewirkte das auch einen Aufschwung der Bautätigkeit. In dieser Zeit bildete sich der volkstümliche Stil der neuen bulgarischen Architektur heraus. Die durch die Fremdherrschaft verursachte Isolation von der Entwicklung der Architektur in der restlichen Welt kompensierten die bulgarischen Meister mit phantasievollen Schöpfungen in einem eigenen, nationalen Stil und durch einen Reichtum an Formen sowohl bei öffentlichen Gebäuden als auch im Wohnungsbau.

Der berühmteste Baumeister aus dieser Zeit ist Koljo **Fitscher-Fitscheto**, der viele öffentliche Gebäude und Häuser entworfen hat. Seine wohl eindrucksvollsten Schöpfungen sind die bedachte Brücke in Lowetsch und die Brücke in Bjala. Die schönen Häuser aus der Zeit der Nationalen Wiedergeburt kann man heute in mehreren Städten und Orten sehen, wie zum Beispiel in Velíko Tarnovo, Gabrovo, Boshénzi, Plovdiv, Koprívschtiza, Karlovo, Kalófer, Sopot, Bansko und anderen. Nach der Befreiung öffnete sich Bulgarien den anderen modernen europäischen Strömungen.

Unmittelbar nach dem Ersten Weltkrieg übernahm eine junge Generation bulgarischer Architekten die Planung der Gebäude. Die Tendenz, historische Stilelemente nachzuempfinden, machte sich allmählich bemerkbar und verstärkte sich vor allem Ende der 30er ind in den 40er Jahren.

Leider hat die Zeit des Sozialismus keinerlei wesentliche Beiträge zur Weiterentwicklung der nationalen Architektur geleistet, sie hat im Gegenteil nicht wiedergutzumachende Schäden angerichtet. In den 50er und 60er Jahren wurden eine Reihe von öffentlichen Gebäuden im sogenannten "stalinistischen" Stil gebaut - robust, grob, respektabel. Im Zentrum einer jeden Stadt mußten ein Parteihaus und zajlreiche neue Wohnhäuser errichtet werden, wofür man massenweise alte, schöne, repräsentative und kunstvoll gebaute Häuser abgerissen hat. An ihre Stelle kamen Betonwohnblöcke und monumentale öffentliche Gebäude.

Bildungswesen

Wie alle Sphären des öffentlichen Lebens befindet sich auch das Bildungswesen in Bulgarien im Umbruch.

Die Kinder werden mit sieben Jahren eingeschult und müssen die Grund- und Mittelschule mindestens bis zur achten Klasse besuchen. Es gibt drei Grundtypen von Schulen. Erstens die Gesamtschulen, die bis zur achten Klasse gehen. Zweitens die Berufsschulen, die noch drei oder vier Jahre über die achte Klasse hinausführen. Und drittens die Gymnasien, die bis zur elften Klasse besucht werden.

Die Zahl der Musikschulen und Kunstschulen ist sehr begrenzt. In drei Jahren soll in Bulgarien wieder das Abitur in vier Fächern eingeführt werden. Da es das Abitur bislang nicht gab, werden an allen Hochschulen Aufnahmeprüfungen und -tests durchgeführt.

Ausgesprochene Hochschulzentren sind Sofia und die größeren Städte Plovdiv, Varna, Russe, Velíko Tarnovo und Blagóevgrad. Die älteste Hochschule ist die "Kliment Ochridski"-Universität in Sofia.

Der Religionsunterricht ist wieder erlaubt und wird seit 1992 an den Schulen wiedereingeführt. Die bulgarischen Türken haben das Recht, ihre Muttersprache an der Schule zu erlernen.

Sprache

Die altbulgarische Sprache war die älteste Sprache der Bulgaren, eine Zeit lang wurde sie als Schriftsprache auch von anderen slawischen Völkern benutzt, von Russen, Mähren, Slowenen, Kroaten und Serben.

In der heutigen bulgarischen Sprache gibt es zwei phonetische Sprachgemeinschaften: **Ostbulgarien я** (ja) und **Westbulgarien e** (e). Zum Beispiel wird das Wort für "Milch" in Ostbulgarien **мляко** (mljáko) und in Westbulgarien **млеко** (mléko) ausgesprochen. Daneben existieren noch einige regionale Mundarten. Das Bulgarische hat keine kurzen und langen Vokale.

Viele Jahre schrieben die Völker auf der Balkanhalbinsel mit griechischen Buchstaben. Aber mit diesem Alphabet konnten sie einige spezifische Vokale und Konsonanten nicht passend schreiben, und das führte zu Mißverständnissen. **Konstantín Kyrill Philosoph** und sein Bruder **Methód** schufen im Jahre 855 das Alphabet **Glagoliza**. Dieses Alphabet hatte aber komplizierte Buchstabenformen. Später wurde das Alphabet vereinfacht, höchstwahrscheinlich von ihren Schülern und Nachfolgern. Dieses zweite Alphabet erwies sich als viel praktischer, wurde **Kiriliza** genannt (kyrillische Schrift) und wurde auch von den Mähren und Russen übernommen.

Im Bulgarischen gibt es zwei Buchstaben, die sich von den deutschen unterscheiden: **ж** wie **журналист** (Journalist) und **ъ** - fast wie das deutsche "**e**" im Wortauslaut (zum Beispiel "Wort**e**" und "ab**e**r").

Transkription

bulgarisches Alphabet	im Buch verwendete Umschreibung
А	**A**
Б	**B**
В	**W oder V**
Г	**G**
Д	**D**
Е	**E**
Ж	**Sh** (wie in **J**ournalist)
З	**S** (stimmhaft)
И	**I**
Й	**J**
К	**K**
Л	**L**
М	**M**
Н	**N**
О	**O**
П	**P**
Р	**R**
С	**S** oder **ß** (stimmlos)
Т	**T**
У	**U**
Ф	**F**
Х	**Ch**
Ц	**Z**
Ч	**Tsch**
Ш	**Sch**
Щ	**Scht**
Ъ	**A**
Ь	**J**
Ю	**Ju**
Я	**Ja**

Hilfreiche Wendungen

Bei der Anrede:

Herr!	Gospodíne!
Herr Mayer!	Gospodín Mayer!
Frau!	Gospósho!
Frau Mayer!	Gospósho Mayer!
Fräulein!	Gospóshize!

Beim Vorstellen:

Das ist Frau Ivanova.	Tová e gospósha Ivanóva.
Das ist Familie Milev.	Tová e seméystwo Milevi.
Angenehm! Ich heiße ...	Drago mi e! Kaswam se ...

Bei Begegnungen:

Guten Morgen!	Dobró utro!
Guten Tag!	Dobar den!
Guten Abend!	Dobar wetscher!
Gute Nacht!	Leka noscht!
Auf Wiedersehen!	Dowìshdane!
Alles Gute!	Wssitschko hubawo!

Allgemeines:

Ja	Da
Nein	Ne
Bitte	Molja
Danke schön!	Blagodarjá! (Mercí)
Entschuldigung!	Iswinéte!
Verzeihung!	Proschtáwaite!

Fragen:

Wer?	Koj?
Was?	Kakwó?
Wann?	Kogá?
Wo?	Kadé?
Wie?	Kak?
Warum?	Saschtó?

Tag / Monat / Uhrzeit:

Tag	Den
Monat/ Monate	Messez/ Messezi
Jahr/ Jahre	Godína/ Godíni
Montag	Ponedélnik
Dienstag	Wtornik
Mittwoch	Srjada
Donnerstag	Tschetwártak
Freitag	Petak
Samstag	Sabota
Sonntag	Nedélja

Januar	Januári
Februar	Fevruári
März	Mart
April	Apríl
Mai	Mai
Juni	Juni
Juli	Juli
August	Avgust
September	Septémwri
Oktober	Októmwri
November	Noémwri
Dezember	Dekémwri
Ostern	Welíkden
Weihnachten	Koleda
Neues Jahr	Nowa Godina
Stunde, 2 Stunden	Tschas, 2 Tschassa
Minute/n	Minúta/ Minút
Sekunde/n	Sekúnda/ Sekúndi
Wie spät ist es?	Kolko e tschassat?

Sprache:

Sprechen Sie...?	Gowórite li...?
Deutsch	Nemski
Englisch	Anglijski
Französisch	Frenski

Zahlen:

ein, eine, eins	edin, edna, edno
zwei	dwe
drei	tri
vier	tschetiri
fünf	pet
sechs	schest
sieben	sedem
acht	ossem
neun	dewet
zehn	desse
elf	edinádesset
zwölf	dwanádesse
zwanzig	dwadesset

Sofia: Ruinen aus der Römerzeit

Blick auf Sofia

Sofia: Die Russische Kirche

Das Rila-Kloster

Die Russische Kirche im Dorf Schipka

Die alte Stadt Melnik

dreißig	tridesset
vierzig	tschetíridesset
fünfzig	petdessét
sechzig	schestdessét
siebzig	sedemdessét
achtzig	ossemdessét
neunzig	dewetdessét
hundert	sto
zweihundert	dwessta
fünfhundert	petstotin
tausend	hiljáda
zweitausend	dwe híljadi

Service:

Apotheke	Aptéka
Arzt, Doktor	Lekar, Doktor
Zahnarzt	Sabolékar
Friseur	Frisjór
Optiker	Optika
Schuhmacher	Obuschtár
Post	Poschta
Telefon	Telefón
Telegraf	Telegráf
Telex	Teléx
Fax	Fax
Telegramm	Telegráma
Brief	Pismó
Ansichtskarte/n	Kartitschka/ki
Souveniers	Suveníri
Bücher	Knigi
Schallplatten	Plotschi
Kaufhaus	universsálen magasín
Lebensmittel	hranítelni stoki
Geschäft	magasín
billig	ewtino
teuer	skapo
Wieviel kostet (das)?	Kolko struwa (towá)?
ein Lew, zwei Lewa	edin Lew, dwa Lewa
Viel Geld!	Mnogo parí!

Im Restaurant:

Restaurant	Restoránt
Volksstilrestaurant	Mechaná
Café	Kafené (Kafe)
(die) Rechnung	smetkata
Kellner	Kelner
Kellnerin	Kelnerka
Die Speisekarte bitte!	Menjúto molja!
Getränke	Napítki
Portion	Porzia
Kaffee	Kafé
Tee	Tschai
Milch	Mljako
Sahne	Smetána
Mineralwasser	Minerálna woda
Saft	Sok
Bier	Bira
Wein (weiß, rot)	Wino (bjalo, tscherwéno)
Eis, Eiswürfel	Sladoléd, Led
Obst	Plodowé
Gemüse	Selentschúzi
Dessert	Dessért
Suppe	Supa
Kartoffeln	Kartófi
Fleisch	Messo
Fisch	Riba
Zucker	Sachar
Salz	Sol
Pfeffer	Tscher pipér
Prosit, Zum Wohl	Nasdráve
Limonade	Limonáda
Sekt	Schampánsko
Schnaps	Rakíja
Weinbrand	Konják

In der Stadt:

Hotel	Hotél
Taxi (-stand)	Taxí (stojánka)
Bahnhof	She pe gara
Busbahnhof	Avtogára

Flughafen	Letíschte (aerogára)
Hafen	Pristánischte
Fähre	Feribot
Bushaltestelle	Avtobússna spirka
Straße	Uliza
Platz	Ploschtád
Toilette	Toalétna
Zentrum	Zentar
Tankstelle	Bensinostánzia
Brücke	Most
Fluß	Reká
Theater, Kino	Teatar, Kino
Museum	Muséj
Kirche	Zarkwa
Altstadt	Starija grad
Zug	Wlak
nah	bliso, blisko
fern	daléko, dalétsche
immer geradeaus	wse napráwo
nach links	naljáwo
nach rechts	nadjásno
gut	dobré
schlecht	loscho
Ich habe mich verirrt.	Isgúbich se
Bitte bringen sie mich zum Flughafen!	Molja sakáraite me na aerogárata!

Die Küche Bulgariens

Die bulgarische Küche ist mit der Küche der anderen Balkanvölker verwandt, trotzdem gibt es Besonderheiten, dank denen die Gerichte einen spezifischen Geschmack und ein ganz eigenes Aroma besitzen.

Charakteristisch ist das gleichzeitige Kochen der Zutaten auf schwachem Feuer.

Das Gericht darf nur langsam kochen, braten oder schmoren. Nur so bekommt das Essen das typisch bulgarische Aroma. Genauso wichtig ist die Vielfalt der Zutaten, die passenden Gewürze und Fette.

Typisch bulgarische Kräuter sind Bohnenkraut, krause Minze, Majoran, Sellerie, Petersilie und Dill. An Gewürzen werden am häufigsten Pfeffer, Muskat, Lorbeer, Kümmel und Wiesenkümmel verwendet. Bei der Zubereitung von Eintöpfen, Soßen, Füllungen muß unbedingt der sogenannte "rote Pfeffer" verwendet werden. Dieser "rote Pfeffer" ist in Wirklichkeit roter Paprika, dessen Schoten gut getrocknet und dann fein gemahlen werden.

Das bevorzugte Fett in der bulgarischen Küche ist das Sonnenblumenöl. Butter und Margarine werden nur beim Backen verwendet, Sahne gibt es eigentlich nur bei Kuchen und Torten.

Hier einige **Rezepte zum Nachkochen**:

Schopska-Salat

Zutaten: 3 bis 4 Tomaten, eine Gurke, 4 bis 5 Paprikaschoten, eine Zwiebel, 150 Gramm Schafskäse, Petersilie, Essig, Sonnenblumenöl und Salz.

Zubereitung: Die gerösteten, gehäuteten und entkernten Paprikaschoten klein schneiden. Die in Würfel geschnittenen Tomaten, Gurken und Zwiebeln dazugeben, mit Salz, Öl und Essig abschmecken. Alles zu einem Berg häufen, mit fein gehackter Petersilie und dem geriebenen oder zerkleinerten Käse bestreuen.

Gefüllte Tomaten

Zutaten: Ein Kilogramm Tomaten, eine mittelgroße Knolle

Sellerie, 250 Gramm Schafskäse, Petersilie, Pfeffer, Essig, Sonnenblumenöl, Salz, eventuell eine Gurke.

Zubereitung: Den Sellerie schälen und in Würfel schneiden. In Salzwasser kochen, abtropfen lassen und dann mit dem geriebenen Käse, Öl, Pfeffer und der fein gehackten Petersilie vermischen. Von den Tomaten oben einen Deckel abschneiden, dann aushöhlen und mit dem Gemisch füllen. Noch besser sieht es aus, wenn große Gurkenstücke mit einem Teil der Füllung belegt werden.

Den die gefüllten Tomaten mit Petersilie garnieren.

Mit Eiern und Schafskäse gefüllte Paprikaschoten

Zutaten: Ein Kilogramm rote Paprikaschoten, sechs Eier, 250 Gramm Schafskäse, Petersilie, Sonnenblumenöl, Salz.

Zubereitung: Die Paprikaschoten rösten, häuten und Kerne entfernen. Den zerbröckelten Käse mit vier Eiern verquirlen. Die Paprikaschoten damit füllen, in Semmelbrösel und geschlagenem Ei wenden und in Öl braten. Mit fein gehackter Petersilie bestreut auftragen.

Kawarma auf Müllerinnenart

Zutaten: 800 Gramm Schweinefleisch, 500 Gramm Kalbsleber, fünf Paprikaschoten, 4 bis 5 Zwiebeln, ein bis zwei Tomaten, eine Tasse Pilze, 1/3 Tasse Weißwein, Bohnenkraut, Pfeffer, Petersilie, Paprika, 1/2 Tasse frisches Schweineschmalz oder Sonnenblumenöl, Salz.

Zubereitung: Das in kleine Stücke geschnittene Fleisch im Fett mit etwas Wasser schmoren, die Zwiebeln zugeben, und wenn sie weich sind, auch die vorher gekochte und in Würfel geschnittene Leber, die in Scheiben geschnittenen Pilze, Paprikaschoten, Tomaten, Pfeffer, Bohnenkraut, den Wein, Salz und etwas warmes Wasser. Umrühren, in eine feuerfeste Backschüssel oder ein kleines irdenes Gefäß schütten und bei starker Hitze backen. Mit fein gehackter Petersilie bestreut auftragen.

Srednogórski Gjuwétsch

Zutaten: Ein Kilogramm Kalbfleisch, zwei Tassen Pilze, 100 Gramm Gemüseeibisch, 2 bis 3 Zwiebeln, 2 bis 3 Tomaten, 3 bis 4 Paprikaschoten, 1/2 Tasse Reis, ein bis zwei Kartoffeln,

1/2 Tasse Weißwein, ein Teelöffel Paprika, Pfeffer, Petersilie, 3/4 Tasse Sonnenblumenöl, Salz.

Zubereitung: Das in große Stücke geschnittene Fleisch in einem Teil des Öls mit etwas Wasser anbraten und herausnehmen. Im selben Fett die kleingeschnittenen Zwiebeln und Tomaten mit dem Paprika dünsten. Das Fleisch zufügen, mit heißem Wasser und dem Wein übergießen und nach dem Aufkochen salzen. Die Pilze dazugeben; nach etwa zehn Minuten auch die in Streifen geschnittenen Paprikaschoten und den entstielten Gemüseeibisch hinzufügen. Sobald das Gemüse gar ist, das übrige Fett, die in Scheiben geschnittenen Kartoffeln und den Reis zufügen. Den Gjuwetsch in eine irdene oder eine gewöhnliche Backschüssel geben und pfeffern.

Sarmí (Rouladen)

Zutaten: 500 Gramm Kalbshackfleisch, 300 Gramm Schweinehackfleisch, ein Bund Zwiebellauch, 1/2 Tasse Reis, eine Tasse Joghurt, Petersilie, Minze, Paprika, Pfeffer, 30 bis 40 Wein- oder Weißkohlblätter, 100 Gramm Butter oder 1/2 Tasse Sonnenblumenöl, Salz.

Zubereitung: In einem Teil des Fettes und etwas Wasser die feingeschnittenen Zwiebeln mit dem Paprika dünsten, dann vom Feuer nehmen. Das Fleisch, den Reis, den Pfeffer, die Minze und die fein gehackte Petersilie dazugeben. Das Gemisch mit warmem Salzwasser übergießen und dünsten, bis der Reis das ganze Wasser aufgenommen hat. Die Wein- oder Kohlblätter mit kochendem Salzwasser abbrühen, dann jedes Blatt mit einem Teelöffel der Mischung belegen. Die Blätter zusammenrollen, in einen Topf legen, mit eineinhalb Tassen warmem Wasser und einem Eßlöffel Fett übergießen, den Topf bedecken und die Rouladen auf kleiner Flamme garen. Vor dem Auftragen mit geschlagenem Joghurt und zerlassener Butter mit Paprika übergießen. "Sarmi" lassen sich mit verschiedenen Beilagen servieren. Auf dieselbe Weise werden auch gefüllte Paprikaschoten, Auberginen, Zucchini und andere Gemüse zubereitet.

Schweinegulasch nach Schopenart

Zutaten: Ein Kilogramm Schweinefleisch, zwei bis drei Zwiebeln, vier bis fünf Paprikaschoten, ein bis zwei Peperoni (nach Geschmack), eine Tasse Joghurt, zwei Eßlöffel Mehl, zwei Eier, je ein Teelöffel Paprika und Tomatenmark (oder zwei bis drei Tomaten), Petersilie, Bohnenkraut, Pfeffer, 1/2 Tasse frisches Schweineschmalz oder Sonnenblumenöl, Salz.

Zubereitung: Das Fleisch in kleine Stücke schneiden, salzen und pfeffern und mit den in Scheiben geschnittenen Paprikaschoten mit etwas Wasser im Fett dünsten. Wenn das Fleisch gar ist, herausnehmen und im selben Fett die kleingeschnittenen Zwiebeln dünsten. Die passierten Tomaten oder das mit Wasser verdünnte Tomatenmark, das Mehl und den Paprika dazugeben und umrühren. Etwa eine Tasse warmes Wasser oder Brühe zugießen, salzen und nach dem Aufkochen mit dem Fleisch in eine Backschüssel geben. Bei starker Hitze backen und nach 10 bis 15 Minuten mit den in Milch geschlagenen Eiern übergießen, mit Bohnenkraut würzen und weitere 15 Minuten backen. Vor dem Auftragen mit fein gehackter Petersilie bestreuen.

Kebáptscheta (Fleischröllchen)

Zutaten: Ein Kilogramm Hackfleisch (60 Prozent Schweine- und 40 Prozent Kalbfleisch), zwei Zwiebeln, je 1/2 Teelöffel Kümmel und Pfeffer.

Zubereitung: Die Zwiebeln mit dem Fleisch verkneten und würzen. Wenn die Mischung gut durchgeknetet ist, etwa zwei Stunden stehenlassen. Längliche Fleischröllchen formen und grillen. Warm, nach Wunsch mit Beilage, servieren.

Baniza mit Käse (Käsestrudel)

Zutaten: Ein Kilogramm Mehl, 400 Gramm Schafskäse, vier Eier, eine Tasse Joghurt, 1/2 Teelöffel Natron, 100 Gramm Butter, Salz.

Zubereitung: Das Mehl, das Salz und eineinhalb Tassen Wasser zu einem festen Teig verarbeiten. Von dem Teig etwa handgroße Stücke zu Kugeln formen und eine Stunde gehen lassen. Dann die Teigstücke einen Millimeter dick ausrollen (man kann auch fertige Teigplatten verwenden). Die Teigplatten mit zerlassener Butter beträufeln und mit den geschlagenen Eiern, Natron, Joghurt und zerbröckeltem Käse bedecken, zusammenrollen und auf ein mit Butter gefettetes Backblech legen. Je nach der Form des Backblechs die Rollen entweder der Länge nach nebeneinander legen oder einen Kreis formen. Bei mäßiger Hitze goldgelb backen. Nach dem Herausnehmen mit geschmolzener Butter und etwas Wasser beträufeln. Mit einem Tuch bedecken und durchziehen lassen.

Orte und Landschaften

Sofia (altgriechisch "Weisheit"), im Zentrum der Balkanhalbinsel gelegen, ist die **Hauptstadt** Bulgariens und mit über 1 Million Einwohner auch das politische, kulturelle und wirtschaftliche Zentrum des Landes. Die Stadt liegt an zwei Nebenflüssen des Iskar, 550 Meter über dem Meeresspiegel, am Fuße der Gebirge Vitoscha und Ljulin, südlich der Stara Planiná im Sofioter Becken.

Sofia gehört zu den ältesten Städten Europas: Die ersten Spuren menschlicher Siedlungen datieren auf sechstausend vor Christus! In diesem Sinne lautet auch der Wahlspruch Sofias: "Es wächst, aber es altert nicht".

Teile des heutigen Territoriums der Stadt wurden zuerst vom thrakischen Stamm der Serden besiedelt, die von den Mineralquellen und dem milden Klima angezogen wurden. Ende des ersten Jahrhunderts vor Christus wurde die Stadt römisch und trug fortan den Namen Ulpia Serdica. Unter den Kaisern Trajan (98 bis 117), Konstantin dem Großen (306 bis 337) und Justinian I. (527 bis 565) gelangte Sofia zur Blüte. Aus dieser Zeit stammt die Sage, daß Konstantin der Große vorhatte, die Hauptstadt des Östlichen Römischen Reiches hier zu errichten, weil Sofia, die kranke Tochter des Justinian, dem Mineralwasser der Stadt ihre Genesung verdankte. Daraufhin ließ ihr Vater 532 bis 537 die Kirche "Heilige Sophia" bauen, die später zum Symbol der Stadt werden sollte und ihr den heutigen Namen gegeben hat.

Die reiche Stadt wurde von Goten, Ostgoten und Hunnen mehrmals angegriffen und erobert. Ab 809 war Sofia dann wieder bulgarisch; Khan Krum hatte die Stadt 809 eingenommen und gab ihr den bulgarischen Namen Sredez ("Zentrum", "Mitte"). Unter dem Namen Triadiza ("Dreistadt") gehörte sie im 11. und 12. Jahrhundert zu Byzanz. Im Mittelalter wurde sie ständig von Byzantinern, Petschenegen, Magyaren, Serben und Kreuzrittern überfallen; 1329 bekam sie wieder den Namen Sofia und hat diesen bis zum heutigen Tag behalten. 1386 eroberten die Türken die Stadt, und erst im Januar 1878 wurde sie von russischen Truppen befreit. Seit März 1879 ist Sofia erklärte Hauptstadt Bulgariens.

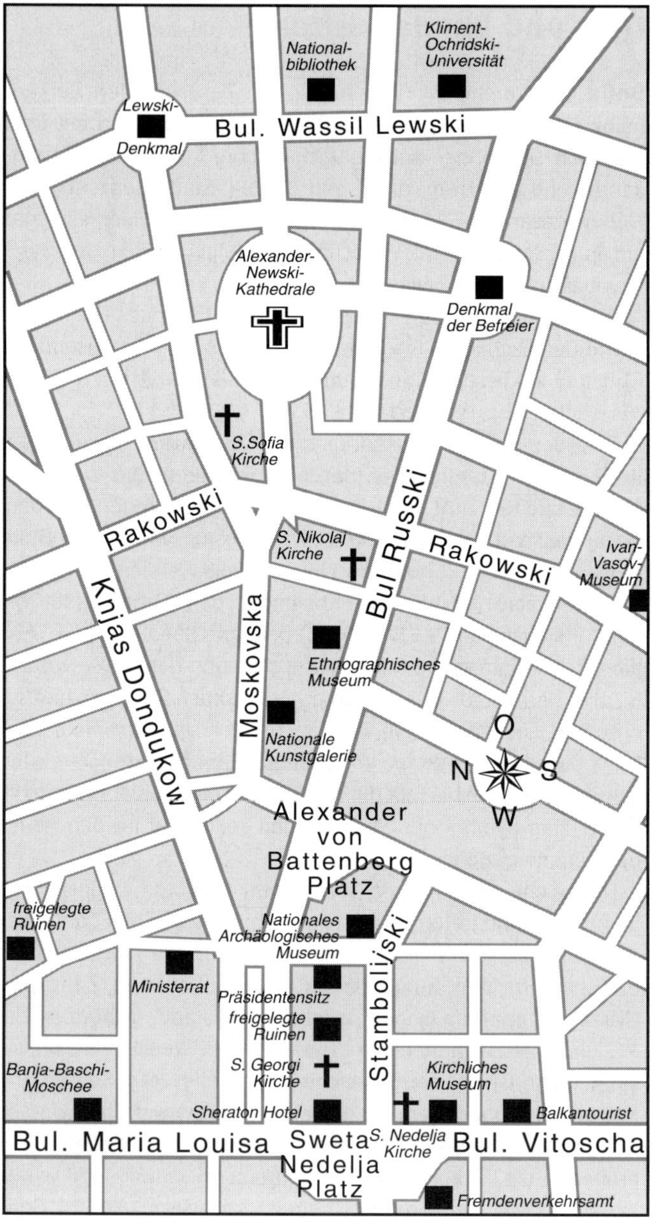

Sofia, Innenstadt

Im Zweiten Weltkrieg wurde fast ein Drittel der Stadt zerstört. Nach dem Kriegsende 1944 bis zur Umbruchszeit 1989 verfolgte die kommunistische Regierung eine Strategie der Zentralisierung. Sofia sollte als Hauptstadt Bulgariens ein sozialistisches "Schaufenster" sein. Ein Viertel aller Industriearbeiter Bulgariens wurde in Sofia konzentriert, aber auch die meisten Hochschulen, Institute, Theater, Museen und Ausstellungen des Landes befinden sich hier.

In der bulgarischen Haupstadt herrscht immer reger Betrieb: Sitzungen, Konferenzen, internationale Veranstaltungen, Börsen oder Messen. Viele Touristen kommen im Winter hierher, um die Skisport möglichkeiten in der Umgebung zu nutzen, andere besuchen die Kirchen während der großen kirchlichen Feste, schließlich kommen auch viele Geschäftsleute nach Sofia. Eine Zimmerreservierung im voraus ist daher immer empfehlenswert.

Das **"Sheraton Sofia Hotel Balkan"** ist ein Fünf-Sterne-Hotel im Zentrum der Stadt, Swetá-Nedelja-Platz 3, Telefon: 876541, Telex: 23030. Das Hotel verfügt über 34 Appartements und 154 Zweibettzimmer. Die Verpflegung ist ausgezeichnet und die Dienstleistungen vielfältig.

Fünf Sterne hat auch das **"Witoscha-New Otani Hotel"**. Es liegt am James-Bourchier-Boulevard 100, Telefon: 624151, Telex: 22797, Fax: 681225. In dem 18-stöckigen Gebäude befinden sich 13 Appartements und 454 Luxuszweibettzimmer mit Blick zum Vitoscha-Gebirge oder zum Stadtzentrum. Seine fünf Restaurants bieten pikante Speisen aus der japanischen, italienischen und französischen Küche und bulgarische Spezialitäten an. Außerdem kann man sich die Zeit dort in sechs Bars, einem Wiener Café, im Businessclub oder im Nachtklub vertreiben. Auch der bulgarische Rotaryclub hat seinen Sitz in diesem Hotel, das Spielkasino liegt im 17. Stockwerk. Das Haus verfügt über Klimaanlage, Swimmingpool und Tennisplätze, Sauna und eine Bowlinghalle.

Das **"Novotel Europa"** hat vier Sterne und liegt in der Nähe des Bahnhofs am María-Louísa-Boulevard 131, Telefon: 31261, Telex: 22051. Das Hotel besteht aus 7 Appartements und 600 Zweibettzimmern. Das Restaurant bietet europäische Küche und bulgarische Spezialitäten. Außerdem befindet sich im Haus ein Spielkasino und das Interbalkanbüro.

Ebenfalls mit vier Sternen schmückt sich das **"Rodína"**. Es liegt am General-Totleben-Boulevard 8, Telefon: 51631, Telex: 22200. Das Hotel hat 22 Etagen mit 7 Appartements, 54 Einzel- und 472 Doppelzimmern, einen Swimmingpool und eine Sauna. Es offeriert eine große Zahl von touristischen Dienstleistungen.

Das **"Grand Hotel Sofia"** befindet sich am Narodno-Sabranie-Platz 2 und ist ein Drei-Sterne-Haus, Telefon: 878821, Telex: 23405. Zwei Appartements, 24 Einzel- und 162 Doppelzimmer stehen zur Auswahl.

Das **"Park Hotel Moskvá"** liegt in der Nesabrawkastraße 25, Telefon: 71261, Telex: 22411. In seinen 18 Stockwerken beherbergt das Drei-Sterne-Hotel 27 Appartements, 34 Einzel- und 326 Doppelzimmer.

Das **"Hotel Kosmos Pliska"** hat ebenfalls drei Sterne und befindet sich in der Zarigradsko Chaussee 87. Es bietet 14 Appartements, 45 Einzel- und 132 Doppelzimmer.

Drei Sterne hat auch das **"Grand Hotel Balgária"**, Telefon: 871977, am Russki-Boulevard 4. In seinen sechs Etagen sind sechs Appartements, 14 Einzel- und 60 Doppelzimmer untergebracht. Ein Restaurant und eine Gaststätte im Folklore-Stil sind vorhanden.

Über eine solche Gaststätte verfügt auch das Drei-Sterne-Hotel **"Hemus"**, Telefon: 63951, 661319 und 661415. Es liegt am Tscherni-Vrach-Boulevard 31 und hat auf seinen 20 Etagen zehn Appartements, 48 Einzel- und 187 Doppelzimmer, ein Restaurant und eine Diskothek.

Am Rande der Stadt, in Suchodól, findet der Tourist das erste **Privathotel** Sofias, das **"Hrankov"** in der Straße des 2. Juni Nummer 14, Telefon: 202874 und 211975, Fax: 200944. Das Luxushotel bietet gemütliche Atmosphäre und freundliche Bedienung.

In Sofia gibt es auch einige Zwei-Sterne-Hotels: Das **"Serdica"** mit zwölf Appartements, vier Einzel- und 126 Doppelzimmern, Telefon: 443911; das **"Slawjánska Besséda"** mit zehn Appartements, acht Einzel- und 99 Doppelzimmern, Telefon: 883691; und das **"Slawija"** mit drei Appartements, drei Einzel- und 69 Doppelzimmern, Telefon:549251. Solche Hotels bieten zwar nicht den Luxus derer mit mehr Sternen, die Preise aber sind entsprechend niedriger.

Nachdem 1991 das Gesetz der Restituierung, das heißt Zurückerstattung der Immobilien an die Alteigentümer, in Kraft getreten ist, sieht man überall in den großen Handelsstraßen neue luxuriöse Geschäfte, Boutiquen und Gaststätten entstehen. In der Rakowskistraße sind die Autosalons von Mercedes, BMW, Renault, Honda und Peugeot zu finden. Ein modernes Äußeres und ein erstklassiges Angebot bieten die neuen Cafès, Konditoreien und Gaststätten. Geht man vom Russki-Boulevard die Rakówskistraße entlang in Richtung Slawéjkowplatz, so findet man links die neue **"Luciano"-Konditorei**, die köstliche Torten und Kuchen anbietet; gegenüber, an der Ecke der Rakowski- und Gurkostraße ist das neue **Restaurant "Mediterranée"**, wo europäische und bayerische (!) Speisen auf den Tisch gebracht werden; im **"Havanna"** in der Triadiza-Straße sollte man unbedingt die kubanische Küche kosten; in der Graf-Ignatiev-Straße liegt das italienische Restaurant **"Piccola Italia"**, außerdem finden sich dort arabische und syrische Restaurants, die delikate orientalisch belegte Brötchen anbieten. Jede Woche schießen neue Restaurants wie Pilze aus dem Boden: das **chinesische Restaurant** in der Schipkastraße, die **italienische Pizzeria "Venezia"** in der Benkowskistraße oder das **koreanische Restaurant "Phenian"** in der Slaratov-Straße. Die Konkurrenz scheint das Geschäft zu beleben.

Sofia ist aber natürlich nicht nur von kulinarischem Interesse: Über 250 Sehenswürdigkeiten, archäologische und historische Denkmäler, Kirchen, Museen und viele Baudenkmäler warten darauf, entdeckt zu werden.

Immer noch sind **Überreste der Befestigungsmauer** des antiken Serdica aus dem zweiten bis vierten Jahrhundert zu sehen; sie befinden sich in der Unterführung auf der Rückseite des Hotels "Sheraton" zwischen dem Sitz der Regierung und dem des Präsidenten. Ein Stück dieser Mauer ist auch im Gebäude des Kaufhauses "Sofia" zu sehen.

Das am besten erhaltene Denkmal aus der Römerzeit in Sofia ist die **Swetí-Geórgi-Rotunde**, geweiht dem Heiligen Georg, aus dem zweiten und dritten Jahrhundert, die sich im Innenhof des "Sheraton"-Hotels befindet. Dieser Rundbau war ursprünglich eine römische Kultstätte, die im fünften Jahrhundert in eine christliche Kirche umgewandelt wurde. Ihre ältesten Wandmalereien stammen aus dem zehnten Jahrhundert.

Die **Kirche Swetá Sofia** (Heilige Sofia) ließ Justinian I. (527 bis 565) an der Stelle einer älteren und kleineren Kirche aus dem vierten Jahrhundert bauen. Von 1200 bis 1400 war sie Metropolitankirche. Sie ist eine dreischiffige, kreuzförmige Kuppelbasilika und gab der Stadt ihren heutigen Namen. Am Alexánder-Newski-Platz kann man sie besichtigen.

In den 70er Jahren nahmen die Stadtväter Sofias den Bau von Untergrund-Bahnen in Angriff. Der Bau kostete Unsummen, weil die Arbeiten sehr oft gestoppt werden mußten, wenn man wieder auf Ruinen historischer Bauwerke gestoßen war.

Die Kirchen und die Moscheen sind von 10 bis 18 Uhr zu besichtigen, am besten während der Woche, weil am Wochenende die Gläubigen ihre zahlreichen Gottesdienste abhalten.

Bemerkenswert ist die Kirche **Swetá Petka Samardshíjska**, die im 14. Jahrhundert erbaut wurde. Sie ist in der Fußgängerunterführung neben dem Eingang des "Sheraton"-Hotels gelegen. Erhalten geblieben sind drei Schichten Wandmalereien aus dem 14., 15. und 17. Jahrhundert. Aus der Zeit der osmanischen Herrschaft stammen einige kleinere, guterhaltene, weil vor dem Blick der Eroberer verborgen gebliebene Kirchen, die über schöne alte Ikonen und Wandmalereien verfügen und die Aufmerksamkeit der Besucher verdienen, so zum Beispiel **Swetí Nikóla Golemíja** (Heiliger Nikola der Große) in der Zar-Kalojan-Straße oder die vergoldete russische Kirche **Swetí Nikolái** (Heiliger Nikolai) am Russki-Boulevard 3, die 1914 erbaut wurde und deren Wandmalereien zur Nowgoroder Schule gehören.

Die einzige noch genutzte **Moschee**, **Banja Baschi Dshamíja**, liegt am María-Luísa-Boulevard 2. Sie wurde im Jahre 1576 von dem namhaften türkischen Architekten Hadshi Mimar Sinan im arabischen Stil errichtet. Besonders interessant sind die inneren Ausschmückungen und die große Kuppel.

Doch der mit Abstand großartigste Sakralbau, nicht nur Sofias, sondern der ganzen Balkanhalbinsel, ist die **Alexánder-Newski-Kathedrale**. Sie ist eine Kreuzkuppelkirche im neubyzantinischen Stil, fertiggestellt 1912 nach Entwürfen der Architekten Bogomolov und Pomeranzev als Dank an Rußland für die Befreiung von den Osmanen. Die Kathedrale hat eine Länge von 76 Metern und eine Breite von 53 Metern und bietet 7000 Menschen Platz, ihre zwölf in Rußland gegossenen

Glocken sind in einem Umkreis von 30 Kilometern zu hören. Die Kuppeldächer sind vergoldet und innen beeindrucken außergewöhnliche Wandmalereien der besten russischen und bulgarischen Maler jener Zeit: Von Wasnezov, Iván Mrkvizka, Mjasoedov und Antón Mitov. In der Krypta der Kathedrale sind über 200 sehr kostbare Ikonen, Fresken und gedruckte Ikonenblätter aufbewahrt. Auch eine Gemäldegalerie, Telefon: 877697, erwartet die Besucher. Auf dem Platz vor der Kathedrale herrscht stets reges Treiben, neben den Touristenscharen bevölkern unzählige "fliegende Händler" das Areal. Reisende, die es auf Orientreisen im Feilschen zu einer gewissen Meisterschaft gebracht haben, sind hier im Vorteil.

Neben den vielen Kirchen gibt es in Sofia über 100 Museen und Galerien. Zu den wichtigsten und meistbesuchten zählt das **Nationale Historische Museum** in der Triadizastraße 2, Telefon: 8571. Hier werden die kostbarsten Zeugnisse bulgarischer Kultur von der Antike bis zum 19. Jahrhundert ausgestellt, darunter der Goldschatz der Thraker von Panagjuríschte und Valtschi Tran und der Silberschatz von Rogósen. Das Nationale Historische Museum ist das reichhaltigste Museum Bulgariens, die Öffnungszeiten sind von 10 Uhr 30 bis 17 Uhr 30, freitags von 14 Uhr 30 bis 17 Uhr 30, Montag ist geschlossen.

Das **Archäologische Museum** am Fürst-Alexánder-von-Battenberg-Platz, Telefon: 882405, ist von 10 bis 12 Uhr und von 14 bis 18 Uhr geöffnet, Montag ist geschlossen. Das Museum befindet sich im 1494 erbauten Gebäude der großen **Moschee Bujuk Dshamíja**, einem viereckigen Bau mit neun gleich großen Kuppeln. Hier sind die interessantesten Funde von der Steinzeit bis zum 19. Jahrhundert zu bewundern. Es ist in fünf Abteilungen untergliedert: Urgeschichte, Antike, frühes Mittelalter, spätes Mittelalter und Numismatik. Bedeutend sind vor allem die reichen Zeugnisse der thrakischen, hellenischen und römischen Kultur, wie auch Säulen mit Inschriften der bulgarischen Khane aus dem neunten und zehnten Jahrhundert, Schenkurkunden der Zaren des Zweiten Bulgarischen Reiches und sehr viele alte Münzen.

Das **Naturkundemuseum** liegt im ehemaligen Schloß des Fürsten Alexánder von Battenberg am Russki-Boulevard 1 und zeigt viel von der Geologie, der Flora und der Fauna Bulgariens.

Die Insektensammlung ist die umfangreichste Südosteuropas. Öffnungszeiten: 9 bis 12 Uhr und 13 bis 18 Uhr, samstags und sonntags 15 bis 18 Uhr, Montag und Dienstag ist geschlossen, der Eintritt ist frei, Telefon: 885115.

Im selben Gebäude befindet sich auch das **Ethnographische Museum**, dessen Eingang allerdings um die Ecke in der Moskowskastraße 6A liegt. In 17 Sälen sind über 30 000 Kunstgegenstände ausgestellt: Volkstrachten, Schmuck, Brauchtum, Volkskunst und Architektur aus dem 18. und 19. Jahrhundert, die einen wirklich umfassenden Einblick in Geschichte, Folklore und alltägliches Leben der Bulgaren vermitteln. Das Museum ist von Mittwoch bis Sonntag in der Zeit zwischen 10 Uhr und 12 Uhr 30 und zwischen 13 Uhr 30 und 17 Uhr 30 geöffnet, montags und dienstags ist geschlossen.

Interessant dürfte auch ein Besuch im 1921 gegründeten **Kirchengeschichtlich-Archäologischen Museum** sein, das eine sehr vollständige und umfangreiche Sammlung besitzt. In den Abteilungen Ikonographie, Handschriften, Kirchengeschichte und Malerei werden Ikonen aller wichtigen bulgarischen Schulen und kunstvolles liturgisches Gerät ausgestellt. Das Museum liegt in der Triadizastraße 19 im Gebäude der Hochschule für Theologie, Telefon: 881343.

In Sofia befinden sich vier große Gemäldegalerien: Die **Nationale Gemäldegalerie** liegt am Fürst-Alexánder-von-Battenberg-Platz und ist jeden Tag von 10 Uhr 30 bis 19 Uhr geöffnet, geschlossen ist Dienstag, Telefon: 876258. Hier sind die Bilder der besten bulgarischen Maler ausgestellt, aber auch ausländische Künstler sind vertreten, die jedes Jahr zahlreiche Besucher anlocken. Eine Filiale der Nationalen Kunstgalerie ist in der Krypta der Alexánder-Newski-Kathedrale am Alexánder-Newski-Platz, Telefon: 877697, zu besichtigen. Geschlossen ist Dienstag. An den anderen Tagen ist sie von 10 Uhr 30 bis 18 Uhr 30 geöffnet. Hier befinden sich Unikate der altbulgarischen Kunst.

Am selben Platz liegt auch die **Kunstgalerie der internationalen Stiftung "Swetí Kyrill und Methód"**. In 18 Sälen bieten sich Bilder und Plastiken bekannter Meister aus der indischen, afrikanischen, japanischen und westeuropäischen Kunst den Betrachtern. Die Galerie empfängt ihre Besucher mittwochs bis montags von 10 Uhr 30 bis 18 Uhr, dienstags ist geschlossen, Telefon: 884922.

Die **Städtische Kunstgalerie** sammelt bulgarische Maler der Gegenwart und hält eine umfangreiche Ausstellung für Besucher bereit. Sie liegt in der Gurkostraße 1 und ist samstags und sonntags geschlossen. Montags bis freitags hat sie von 10 Uhr 30 bis 19 Uhr geöffnet, Telefon: 872181.

Die **Galerie des Verbandes der bildenden Künstler in Bulgarien** in der Schipkastraße 6, Telefon: 446115, bietet Werke moderner bulgarischer und ausländischer Künstler. Geöffnet ist jeden Tag von 9 bis 20 Uhr. Die Kunstwerke kann man gleich in mehreren Ausstellungsräumen betrachten: Graphik (Telefon: 871820), Angewandte Kunst (Telefon: 801209) und wechselnde Ausstellungen in den Räumen der Rakówskistraße 125, Telefon: 885080. Private Ausstellungsräume sind ebenfalls vorhanden.

Bulgarien hat auch heute noch sehr gute und interessante Maler und Künstler zu bieten. Nicht zufällig kaufen Touristen oft Bilder anstelle von Souvenirs.

Sofias Stadtbild besticht durch wunderschöne Häuser, Gebäude und Fassaden: das **Nationaltheater "Iván Vasov"**, das **Parlamentsgebäude** mit der Inschrift "Eintracht macht die Macht", die **Bulgarische Nationalbank**, das **Synodengebäude**, das **Sofioter Mineralbad**, die größte **Synagoge** der Balkanhalbinsel in der Exarch-Jossiph-Straße 16 und viele, viele andere. Die meisten Fassaden sind im Barockstil gehalten oder zeigen Elemente der altbulgarischen Architektur und der Architektur der Wiedergeburtszeit oder Renaissance- und Neurenaissance-Elemente.

Nach einer solchen Begegnung mit der bulgarischen Kunst und Geschichte wäre ein gutes Abendessen in einem Folklore-Restaurant, wo bulgarische Gerichte in traditionell ausgestatteten Räumen von Kellnern und Kellnerinnen in Trachten serviert werden, genau das Richtige. Empfehlenswert ist das **Folklore-Restaurant "Kristall"** in der Aksákovstraße 10, Telefon: 881172, oder das **"Tetevenska Sreschta"** (Tetevener Treffen) in der Rakówskistraße 125, Telefon: 884771. Die Gaststätten bereiten die beliebten bulgarischen Spezialitäten mit gegrilltem und gebratenem Fleisch sowie delikate vegetarische Gerichte zu.

Falls sich das Heimweh früher als geplant einstellt, kann man sich in der Gaststätte **"Berlin"** am Janko-Sakásov-Boulevard (Telefon: 441258) mit deutschen Speisen vielleicht darüber hinwegtrösten. Aber bitte nicht enttäuscht sein, wenn die Klöße oder die Knödel nicht ganz so wie zu Hause schmecken!

Auch die ungarische Küche ist es wert, probiert zu werden, zum Beispiel im Restaurant **"Budapest"** in der Rakówskisraße 145, Telefon: 872750.

Sofia ist eine Kulturstadt. Hier werden viele internationale Meetings und Veranstaltungen durchgeführt: Sofioter Musikwochen, Buchmessen, internationale touristische Börsen, Symposien über Ökologie, Bulgaristik und natürlich Thrakologie.

Die bekanntesten **Konzerthallen** sind das **"Balgária"** in der Aksákovstraße 1 (Telefon: 874073) und das **"Slawéjkov"** am Slawéjkovplatz (Telefon: 882349). Die Konzerte beginnen um 19 Uhr 30. Das Konzertbüro liegt am Russki-Boulevard 2 (Telefon: 871588).

Die **Sofioter Oper** befindet sich in der Janko-Sabúnov-Straße 1, Telefon: 871366. Hier kann man sich in exklusivem Ambiente den besten Werken der Opernklassik hingeben und die Kunst bekannter Orchester und Solisten genießen.

Das **Musiktheater "Stefan Makedónski"** liegt am Wassíl-Lewski-Platz, Telefon: 441979. Sein Repertoire umfaßt so gut wie alle bekannten europäischen, amerikanischen und natürlich bulgarischen Operetten und Musicals. Die Weltklassik wie auch die besten Stücke der bulgarischen Dramatiker sind auf der Bühne des **Iván-Vasov-Theaters**, Wassíl-Lewski-Straße 5, Telefon: 874831, zu sehen.

In Sofia gibt es mehr als 20 Theater, einige sind bereits privatisiert. Die Aufführungen beginnen jeweils um 19 Uhr.

Das größte Kulturzentrum der Stadt ist der **Kulturpalast** (Naroden dvorec na kulturata, NDK) am Balgária-Platz 1. Das Gebäude ist erst vor kurzem erbaut worden und daher sehr modern gestaltet. Die Ausstattung und die technische Ausrüstung sind auf aktuellstem europäischem Niveau. Hier findet ein sehr reges und intensives kulturelles Leben statt, es werden große Sitzungen, Konzerte, Konferenzen, Tagungen und ähnliche Veranstaltungen durchgeführt. Der Kulturpalast hat 14 Säle mit über 10 000 Sitzplätzen und ist erreichbar unter

Telefon: 51501, Telex: 23643 und Fax: 802042. In dem Gebäude sind mehrere Cafés, Geschäfte, Konditoreien und Buchhandlungen untergebracht. In der Unterführung befindet sich ein Büro für touristischen Service jeder Art.

Vor dem Kulturpalast erhebt sich das 1981 errichtete Denkmal, das an das **1300jährige Bestehen Bulgariens** erinnert. Andere bekannte Denkmäler sind das **Kliment-Ochridski-Denkmal** im Garten der Sofioter Universität oder das **Denkmal von Kyrill und Methód**, den Schöpfern des bulgarischen Alphabets, vor der Nationalbibliothek. Das beliebteste ist aber wohl das **Wassíl-Lewski-Denkmal**. Der große Freiheitskämpfer - vom Volk "Apostel der Freiheit" genannt - wurde 1873 hingerichtet, und an dieser Stelle, dem heutigen Wassíl-Lewski-Platz, ist 1895 von J. Kolar sein Denkmal errichtet worden.

Das imposanteste Denkmal Sofias erinnert an Zar Alexánder II., der Bulgarien von der osmanischen Fremdherrschaft befreite. Es wurde im Jahre 1905 von dem italienischen Bildhauer Arnoldo Zocchi am heutigen Platz der Versammlung errichtet.

Eine große Anzahl an Denkmälern sind den gefallenen bulgarischen und ausländischen Soldaten gewidmet sowie den Widerstandskämpfern, Schriftstellern und Künstlern.

Sofia ist auch ein bekannter **Kurort**. Die alten Römer bauten die ersten **Thermalbäder** im heutigen Zentrum der Stadt, die Mineralwassertemperatur beträgt 46 Grad Celsius. Im Stadtgebiet Sofias befinden sich die **Quellen Owtscha kupel** und **Knjashevo**, jeweils mit einer Wassertemperatur von 31 Grad Celsius, und **Gorna banja** mit 41,8 Grad Celsius. Fast ein Drittel der Bevölkerung bekommt zu Hause Mineralwasser aus dem Hahn.

Mit seinen 20 **Hochschulen** ist Sofia nicht zuletzt eine Studentenstadt.

Wichtige Informationen und Telefonnummern:

Hotelreservierungen: 833573 Exarch-Jossiph-Straße 35

Internationaler Busbahnhof: 525004 Hr.-Micháilov-Boulevard 23

Hauptbahnhof: Telefon: 31111

Flughafen: Telefon: 451113

Flugticketreservierungen für Auslandsflüge: Leguestr.19, Telefon: 884989
Interhotelreservierungen: Naroden dvorec na kulturata (NDK), Telefon: 597094
Eisenbahnfahrkarten - Ausland: NDK, Telefon: 597126
Eisenbahnfahrkarten - Reservierungen: Gurkostr.5, Telefon: 875935
Eisenbahnfahrkarten - Schlafwagen Inland - NDK, Telefon: 597124
Taxibestellungen: Telefon: 597108
Touristische Büros: Balkantourist Zimmernachweis, Knjas-Dondukov-Boulevard 37, Telefon: 884430, Telex: 22488,
Balkantourist Auslandsreisen: Telefon: 885543
Balkantourist Inlandreisen: Telefon: 885541
Kooptourist: Al.-Stambolíjski-Boulevard 30, Telefon: 875069, 525557
Orbita: Al.-Stambolíjski-Boulevard 45A, Telefon: 879552
Pirin: Al.-Stambolíjski-Boulevard 30, Telefon: 884122
Schipka: Swetá-Sofia-Straße 6, Telefon: 878801
Interbalkan: Rakówskistraße 123, Telefon 870995
Privatquartiere: Rakówskistraße 40, Telefon: 835776
Tankstelle mit bleifreiem Benzin: Karaulkata, Telefon: 781222, non stop
Autoverleih: Telefon: 624151
Rent a car - Hertz: Telefon 833487
Banken und Wechselstuben (private und staatliche): sind überall zu finden
Verkehrspolizei: (KAT) Telefon: 166
Autopanne: Telefon: 146

Die Sehenswürdigkeiten in der Umgebung von Sofia sind ebenfalls interessant. Es bietet sich also an, Ausflüge zu unternehmen, auf denen sich gleich mehrere architektonische und landschaftliche Sehenswürdigkeiten besuchen lassen.

Sofia - Bojána - Slatni Mostóve (Goldbrücken)

Bojána ist ein Stadtviertel von Sofia am Fuße des Vitoscha-Gebirges. In Bojána befindet sich die berühmte **Bojánaer Kirche** aus dem Mittelalter. Die Wandmalereien stammen aus dem Jahr 1259. Sie zeigen biblische Szenen sowie Porträts des Zaren Konstantín Assén, der Zarin Irína, des Adligen Sewastokrator Kaloján und seiner Frau Dessisláwa. Die Gesichter sind sehr weltlich gemalt und sehen fast aus, als wären sie lebendig. Viele Kunstforscher bezeichnen diese als Vorrenaissance, weil sie bereits ein Jahrhundert vor der italienischen Renaissance entstanden ist.

Nicht weit entfernt fließt der **Fluß Bojána**. Sein **Wasserfall** ist 15 Meter hoch.

Slatnite mostóve ("Goldbrücken") ist eine wunderschöne Landschaft im nordwestlichen Teil des Vitoscha-Gebirges, 1350 bis 1500 Meter über dem Meeresspiegel. Bekannt ist hier der **"Steinfluß"**, bestehend aus sehr großen gerundeten Blöcken, die am Boden des Wladajskaflusses liegen. Kleine Geschäfte, Buden und eine Gaststätte im prächtigen Tannenwald bieten den Spaziergängern und Touristen Erfrischung Erholung. Von dort an führt der Weg zum Gipfel **Tschernata skalá** ("Schwarzfelsen") oder in die andere Richtung zum **Hotel-Restaurant "Kopítoto"** ("Hufeisen") - ein Zwei-Sternehaus mit 15 Doppelzimmern, Telefon: 571269. Wen die beeindruckende Natur bis dahin nicht schon völlig überwältigt hat, dem sei die **Panoramastraße** zurück nach Sofia empfohlen.

Sofia - Dragalévzi - Aléko - Tscherni Vrach

Dragalévzi ist ein Wohnviertel von Sofia am Fuße des Vitoscha-Gebirges. In der Nähe steht das 1350 gegründete **Dragalévzi-Kloster**. Seine Malereien aus dem Jahre 1476 sind gut erhalten.

Aléko ist ein Erholungsort in einer Höhenlage von 1810 Metern über dem Meeresspiegel. Der bulgarische Schriftsteller und Satiriker Aléko Konstantínov - Stasstliweza ("der Glückliche") führte 1895 eine Gruppe Ausflügler hierhin und legte damit den Grundstein für den organisierten Tourismus in Bulgarien. Nicht zufällig also tragen sowohl die Ortschaft als auch die Berghütte "Aléko" seinen Namen. Drei Hotels stehen den Reisenden zur Auswahl: Das Zwei-Sterne-Hotel **"Moréni"** mit drei Appartements, einem Einzel- und 17 Doppelzimmern, Telefon: 652969, das **"Prostór"** mit drei Sternen, das über ein Appartement, neun Einzel- und 96 Doppelzimmer verfügt,

Telefon: 654881, und das **"Stasstliweza"**, dem nach grundlegender Renovierung drei Sterne verliehen wurden, und das ein Appartement, vier Einzel- und 66 Doppelzimmer anbietet, Telefon: 665024. Das **Erholungszentrum "Aléko"** ist 23 Kilometer vom Stadtzentrum Sofias entfernt und wird besonders von den deutschen Urlaubern besucht. Die Einrichtung ist nicht luxuriös, aber die Aussicht, die Luft, die Landschaft und die Sonne entschädigen vollauf für mögliche Einschränkungen. Die Küche aller drei Gaststätten ist solide.

In der Umgebung von Sofia gibt es dazu kleine **Gasthöfe, Motels und Campingplätze**. Sie bieten keinen Luxus, werden aber von vielen Individualtouristen bevorzugt, weil sie billig sind.

Das **Hotel "Trivia"** liegt zehn Kilometer vom Stadtzentrum und fünf Kilometer von der Nationalstraße Sofia - Varna entfernt. Es befindet sich im stillen **Vorort Botunéz**, hat drei Sterne und ist erreichbar unter Telefon: 474343 und 458112, Telex: 22634 und Fax: 878559.

Das **Motel "Bojána"** hat zwei Sterne, liegt im Wohnviertel Bojána und kann unter der Telefonnummer 563035 erreicht werden. Das Motel **"Tichijat kat"** ("Ruhiges Eckchen") ist im Vitoscha-Gebirge, 12 Kilometer vom Stadtzentrum gelegen und hat zwei Sterne, Telefon: 571401. Das Motel **"Istok"** ("Ost") liegt an der Nationalstraße E 80 Richtung Plovdiv, 12 Kilometer vom Zentrum entfernt und verfügt über 79 Doppelzimmer, Telefon: 741151. Das Motel **"Gorúbljane"** hat zwei Sterne und liegt 17 Kilometer von Sofia entfernt an der Autobahn Richtung Plovdiv; 28 Zweibettzimmer stehen hier zur Wahl, Telefon: 723720. Das Motel **"Boshúr"** ("Pfingstrose") ist 17 Kilometer von Sofia in Richtung Belgrad entfernt und hat mit seinen drei Sternen 81 Doppelzimmer, Telefon: 254951. Zehn Kilometer von Sofia entfernt an der Autobahn in Richtung Plovdiv liegt der Drei-Sterne-**Campingplatz "Vranja"**. Er hat neben den Zelt- und Stellplätzen noch vier Appartements zu bieten, Telefon: 781213. Zwei Sterne hat der Campingplatz **"Tschernijat kos"** ("Schwarze Amsel"). Er liegt an der Nationalstraße E 79 nach Saloniki, 11 Kilometer von Sofia entfernt, Telefon: 571129.

Alle aufgezählten Hotels und Campingplätze sind während des ganzen Jahres geöffnet.

Auf dem Gebiet der Stadt Sofia liegt der **Nationalpark Vitoscha-Gebirge**. Es ist ein kuppelförmiges Gebirge, dessen höchster Gipfel **Tscherni Vrach** ("Schwarzer Gipfel") 2290 Meter hoch ist. Hier entspingt der **Fluß Struma**, der ins Ägäische Meer mündet. Das ganze Gebirge ist Feriengebiet und bietet ausgezeichnete Möglichkeiten vor allem zum Skifahren. Zu den Skipisten führen zwei Kabinen-, fünf Sessel- und mehrere Schlepplifte. Eine Skischule ist auch vorhanden.

Der nationale **Kurort Bankja** ("Baden") hat 10 000 Einwohner und liegt 17 Kilometer westlich von Sofia am Fuße des **Ljulin-Gebirges**. Die Temperatur des **Thermalwassers** liegt zwischen 34 und 38 Grad Celsius. Das Wasser ist sehr gut für Patienten mit Herz- und Kreislauferkrankungen, hohen Blutdruck, Funktionsstörungen des Nervensystems, Darm- und Magenleiden und Frauenleiden. Die Urlauber wohnen in den zahlreichen **Urlaubsheimen, Sanatorien** und **Privatquartieren**.

Tagesausflugsziele

Samokov am Iskar liegt 62 Kilometer von Sofia entfernt. Die "Stadt der selbständigen Schmiede" zählt 30 000 Einwohner und liegt am Fuße des Rila-Gebirges. In der Wiedergeburtszeit war hier eine Ikonenmaler- und eine Holzschnitzerschule, zu deren Vertretern auch Sachari Sograf und Stanislav Dospewski zählen. Zu den Sehenswürdigkeiten der Stadt gehören die erzbischöfliche Kirche **Swetá Bogoródiza** ("Heilige Mutter Gottes"), der **alte Brunnen** im Zentrum der Stadt im orientalischen Stil, das **Nonnenkloster Metoch** und die **Moschee Bairaklí Dshamíja** aus dem 16. bis 18. Jahrhundert.

Südlich von Sofia und in der Umgebung von Samokov liegen einige Städtchen und Dörfer, die über Mineralquellen verfügen: **Pantscharevo** mit einer Mineralwassertemperatur von 47 Grad Celsius sowie **Beltschin** und **Dolna Banja** mit jeweils 64 Grad Celsius. **Saparéva Banja** war schon zu Zeiten der Römer ein Kurort und hieß damals Germania. Sein Mineralwasser hat einen hohen Schwefelwasserstoffgehalt und zählt mit 104 Grad Celsius Wassertemperatur zu den heißesten Quellen der Welt. Das Wasser wirkt heilend auf Erkrankungen des Bewegungsapparates, des peripheren Nervensystems, auf Frauenleiden und noch vieles mehr.

Besonders heilsam ist das Wasser in **Kostenez** an der Mariza. Die Mineralwassertemperatur beträgt 65,4 Grad Celsius und liegt ihren heilenden Eigenschaften nach weltweit immerhin an 25ster Stelle. Eine Sage erzählt, daß der Name "Kostenez" von Konstanza, einer byzantinischen Prinzessin, die durch das Wasser geheilt wurde, abgeleitet ist. Die Stadt Kostenez zählt 15 000 Einwohner und hat viele Sanatorien, Kurheime und Privatquartiere. Die Mineralwasserquelle entspringt im Stadtviertel **Momin prochod** und ist bei degenerativen Erkrankungen des peripheren Nervensystems und chronischen Entzündungen der oberen Atemwege und der Lunge zu empfehlen.

Neun Kilometer südwestlich befindet sich eine Thermalquelle, deren Wassertemperatur zwischen 46 und 73 Grad Celsius schwankt. Ihr Wasser wirkt heilend auf Leber-, Gallen-, Nieren- und Hautkrankheiten sowie bei Rheuma.

Zehn Kilometer südlich von Samokov befindet sich der Winterferienort **Borovez** ("Kiefernwald"). Er liegt 1300 Meter über dem Meeresspiegel im Rila-Gebirge und ist ein europäisches Skizentrum. Die Schneedecke hält sich von Mitte November bis Ende April, wobei sie im März ihre größte Dichte hat. Wegen der Nadelwälder ist die Luft besonders klar. Hier waren einst die Residenzen der letzten Mitglieder des bulgarischen Königshauses. Heute gibt es in der Umgebung zwölf Pisten und Skischanzen, einen Kabinenlift an der größten, 1800 Meter langen Piste und einige Sessel- und Schlepplifte. Ein Lift führt zur **Jastrebezhütte** und erreicht die Höhe von 2350 Metern. Bekannt sind die Skischulen und die Skikindergärten für die drei- bis achtjährigen Kinder, bei denen die Skiausrüstung gebührenfrei ist. Selbst internationale und europäische Skimeisterschaften in den alpinen Disziplinen werden hier durchgeführt.

Die dort gelegene **Feriensiedlung Jagoda** ("Erdbeere"), Telefon: 343, und die **Villensiedlung Malína** ("Himbeere"), Telefon: 435, sind neu erbaut und haben beide drei Sterne. Daneben gibt es noch das Zwei-Sterne-**Hotel "Edelweiß"** mit zwei Appartements, 14 Einzel- und 63 Doppelzimmern (Telefon: 264) und das Drei-Sterne-Hotel **"Bor"** ("Kiefer") mit drei Appartements, acht Einzel- und 37 Doppelzimmern (Telefon: 270, Telex: 22888).

Neben der Liftstation liegen die kleineren Drei-Sternehotels **"Bresa"** ("Birke") und **"Ela"** ("Tanne") . Das "Bresa" (Telefon: 360) hat zwei Appartements, sieben Einzel- und 25 Doppelzimmer; ungefähr so groß sind auch das "Ela" (Telefon: 479) und die Drei-Sternehotels **"Mura"** ("Bergkiefer"), Telefon: 281, und **"Jastrebez"** ("Habichtnest"), Telefon: 359.

Das luxuriöseste Hotel in Borovez heißt **"Rila"**. Mit seinen 2000 Betten ist es eines der größten Hotels in Südosteuropa. Das Hotel wurde nach französischen Entwürfen gebaut und hat drei Flügel mit bester Aussicht. Nicht weit vor dem Eingang beginnt ein Sessellift und führt zu den nahegelegenen Pisten. Das Hotel ist das modernste im Rila-Gebirge. Es verfügt über mehrere Restaurants, Geschäfte, einen Kindergarten mit 146 Plätzen und eine Nachtbar mit Programm.

Borovez ist auch im Sommer sehr schön. Jüngere Touristen und Familien mit Kindern bevorzugen die Drei-Sterne-**Bungalows**. Dabei handelt es sich um kleine Häuschen für vier Personen - zwei Doppelzimmer mit einem Wohnzimmer und einer Küche.

Das ganze Jahr über werden Kultur- und Unterhaltungsprogramme angeboten, außerdem Sport- und Skifeste.

Von Borovez aus kann man Ausflüge zum **Mussalá-Gipfel** (2925 Meter) machen. Im Raum zwischen dem Kaukasus und den Alpen ist das der höchste Berg. Hier wurde 1932 eine meteorologische Station und 1960 eine Weltraumstation, ein kosmisches Laboratorium, gebaut. Ein Ausflug auf den Mussalá dauert insgesamt zwölf Stunden - sechs Stunden hin und sechs zurück. Die Aussicht vom Mussalá entschädigt für alle Mühen.

27 Kilometer südwestlich von Samokov liegt auf einer Höhe von 1750 Metern der Ferienort **Maljóviza** am Fuße des gleichnamigen, 2729 Meter hohen Gipfels. In dieser Gegend alpinen Typs befindet sich eine Schule für Bergsteiger und -wanderer. Fünf organisierte Ausflüge führen vom Ferienort Maljóviza zur **Maljóvizahütte**, zum **Maljóviza-Gipfel**, zum **Elenin Vrach** (Elena-Gipfel), zu den **sieben Rila-Seen** oder zum **Straschnoto esero** ("Furchtbarer See").

Das Maljóvizatal ist wirklich sehenswert. Der Maljóviza-Gipfel ist zum Symbol des bulgarischen Alpinismus geworden und sein Berglager international bekannt.

Die alten Thraker nannten das **Rila-Gebirge** "Dunax" ("wasserreiches Gebirge"). Berghütten stehen allerorten, es fehlt aber an Luxus und Komfort. Dafür schmücken Hunderte von Bergblumen überall Wiesen, Wälder und Felsen.

Sofia - Blagóevgrad - Kulata (190 Kilometer)

Auf der Nationalstraße E 79, die nach Saloniki und Athen führt, 67 Kilometer südlich von Sofia, liegt die Stadt **Dupniza** am Dsherman ("Lochähnlicher Ort"). Die Stadt, ursprünglich römische Festung und später slawische Siedlung, zählt jetzt über 40 000 Einwohner. Das Zwei-Sterne-**Hotel "Rila"** hat zwei Appartements, 16 Einzel- und 90 Doppelzimmer (Telefon: 25015). Etwa 15 Kilometer südlich der Stadt verläuft die Straße parallel zur Eisenbahn und dem Fluß **Struma**. Die Sage erzählt, daß der thrakische König Resos an der Seite Athens am Trojanischen Krieg im 12. Jahrhundert vor Christus teilnahm und dabei ums Leben kam. Als sein Vater Strimon vom Tod seines Sohnes erfuhr, fiel er in Ohnmacht und ertrank in diesem Fluß. Seitdem heißt der Fluß Strimon (griechisch) oder **Struma** (bulgarisch). Dort liegt das Städtchen **Boboschevo**, von wo aus man das drei Kilometer südwestlich liegende **Kloster "Heiliger Dimíter"** (Demetrios) aus dem 9. Jahrhundert besuchen sollte.

22 Kilometer südlich von Dupniza führt die Europastraße 79 nach Kotscherinovo. Dort biegt links eine Straße zu einer der größten Sehenswürdigkeiten Bulgariens, dem **Rila-Kloster** (29 Kilometer) ab. Unterwegs ragen bei dem **Dorf Stob** natürliche Felsenpyramiden in den Himmel.

Das **Rilski Manastír (Rila-Kloster)** ist eines der größten Meisterwerke der alten bulgarischen Baumeister. Das Kloster liegt im Herzen des Rila-Gebirges in 1150 Meter Höhe. Es wurde im 10. Jahrhundert vom Eremiten Ivan Rilski (876 bis 946) gegründet. Im 13. und 14. Jahrhundert war das Kloster ein großes Bildungs- und Kulturzentrum. 1335 wurde der **Chreljo-Turm** errichtet. Vom 18. Jahrhundert an bis zum Jahre 1833 wurden alle Gebäude mit Ausnahme des Chreljo-Turmes durch feindliche Truppen mehrmals niedergebrannt. 1833 begann man mit dem Neuaufbau. So bekam das Kloster seine heutige Gestalt. An der Ausmalung der Hauptkirche waren die besten Ikonenmaler der damaligen Zeit beteiligt: Dimíter Sograf, Iván

Obrasopíssov, Stanisláw Dospéwski, Sachári Sograf, Kosta Valjov und die Gebrüder Müller. Das Rila-Kloster steht auf der UNESCO-Liste des Weltkulturerbes. Es ist eine wahre Schatzkammer der Holzschnitzerei, und der Ikonostas in der Hauptkirche ist vergoldet. Besonders beeindruckend ist das hölzerne Kreuz des Mönches Rafaíl, der zwölf Jahre daran arbeitete und danach erblindete. Das fünfstöckige stilvolle Gebäude verblüfft durch die architektonische Gestaltung seiner Steinsäulen, Wendeltreppen, originellen Schutzdächern und Holzschnitzereien. Das Museum ist von 8 bis 12 und von 13 bis 17 Uhr geöffnet, Dienstag ist geschlossen. Sieben Kilometer entfernt liegt das **Drei-Sterne-Hotel "Rilez"**, das fünf Appartements, 14 Einzel- und 70 Doppelzimmer hat (Telefon: 2106). Von dort aus werden Ausflüge zu den Rila-Seen und den Berghütten angeboten.

Von Kotschérinovo aus führt die Straße den Fluß Bistriza ("klarer Fluß") entlang in Richtung Süden nach **Blagóevgrad**. Die Stadt zählt 75 000 Einwohner. Einst entstand um die warme Mineralquelle (55 Grad Celsius) eine thrakische Siedlung, die sich später zu einer Handelsstadt entwickelte und "Obermarkt" genannt wurde. Die Region um Blagóevgrad ist eigentlich das Piriner Mazedonien. Blagóevgrad ist die regionale Hauptstadt; sie trägt den Namen von Dimíter Blagóev (1856 bis 1924), dem Begründer der Sozialdemokratischen Partei Bulgariens.

Heute ist die **Altstadt** mit ihren wunderschönen alten Häusern und ihrer Fußgängerzone restauriert und lädt zum Bummeln ein. Die **alte Kirche** ist im Jahre 1844 erbaut worden. Das Stadtzentrum hingegen ist neu und in modernem Stil gebaut. Interessant ist das **Museum** in der Rilastraße 1. Die **Mineralquellen** Blagóevgrads haben eine Temperatur von 55 bis 61 Grad Celsius und wirken heilend auf Gelenk- und Muskelerkrankungen.

Das Drei-Sterne-**Hotel "Alen Mak**" ("Roter Mohn") verfügt über zwei Appartements, 22 Einzel- und 138 Doppelzimmer (Telefon: 23031 und 23373). In der Nähe befindet sich ein Hallenbad, und nicht weit entfernt wurde eine Skipiste angelegt. Von der Stadt aus werden viele Ausflüge in Richtung Rila- und Pirin-Gebirge unternommen.

Im Stadtpark liegt das **Hotel "Bor"** ("Kiefer") mit zwei Sternen, vier Appartements und 29 Doppelzimmern (Telefon:

22491 und 26491). Drei Kilometer nördlich von Blagóevgrad bietet das Drei-Sterne-Motel **"Rilzi"** ("Rilaer") bequeme Unterkunft; ein Freibad und einige Tennisplätze liegen in der Nähe.

30 Kilometer östlich der Stadt erstreckt sich das **Naturschutzgebiet "Parangáliza"** - ein großer, wildreicher Wald, wo über 200 Jahre alte Bäume wachsen. 26 Kilometer in westlicher Richtung von Blagóevgrad entfernt verläuft die Grenze zu Mazedonien, und eine alte Straße führt nach Deltschevo, Titov Veles und Skopije (insgesamt 226 Kilometer).

Südlich von Blagóevgrad liegt das 8000-Seelen-Städtchen **Simitlí** ("Feinbäcker") an der Struma. Dort und in der Umgebung sprudeln über 30 Mineralquellen mit einer Wassertemperatur von bis zu 60 Grad Celsius.

Von Simitlí aus führt eine Straße über den Predelapaß nach **Bansko**. Die Stadt zählt 15 000 Einwohner und hat eine große Zukunft als Ferienort. Bansko schmiegt sich malerisch in ein Tal zwischen drei Gebirgen: Rila, Pirin und den Rhodopen. Hier wurde der Mönch Paíssij Hilendárski geboren, der im Jahre 1762 die "Slawisch-Bulgarische Geschichte" verfaßte. Bansko ist außerdem der Geburtsort von Nikóla Vapzárov, einem der bekanntesten bulgarischen Dichter. Sehenswert sind die 1835 gebaute **Kirche Swetá Troíza** ("Heilige Dreieinigkeit") und viele andere alte Häuser.

Im Flußtal der Mesta liegen die Städtchen **Raslog** (15 000 Einwohner), **Beliza** (5000 Einwohner) und **Jakorúda** (8000 Einwohner) und die Dörfer Banja, Eléschniza und Dobrinischte, bekannt für ihre heißen **Mineralquellen**.

17 Kilometer südlich von Bansko erhebt sich der dritthöchste Gipfel der Balkanhalbinsel, der **Vichren** ("Verwundeter"), mit 2914 Metern höchster Gipfel des Pirin-Gebirges. Höchstwahrscheinlich kommt der Name des Gebirges **Pirin** vom Namen des slawischen Hauptgottes Perun, weil man früher glaubte, daß sein Thron auf der Gebirgsspitze stünde. Der Volkspark Pirin steht seit 1983 auf der Weltliste der Naturdenkmäler.

Von Bansko aus werden viele Ausflüge unternommen. Hier gibt es wunderschöne Skipisten, Zwei- und Dreisessellifte; neue Privathotels sind erst vor kurzem eröffnet worden. Das milde Klima, das oftmals herrliche Wetter und die bezaubernde

Aussicht ziehen schon jetzt naturverbundene Touristen an. Das Zwei-Sterne-**Hotel "Pirin"** hat fünf Appartements, 13 Einzel- und 45 Doppelzimmer; Telefon: 2295.

Bansko und die anderen Städtchen sind mit der Eisenbahn von Pasardshik an der Maríza aus erreichbar.

50 Kilometer südlich von Bansko befindet sich **Goze Deltschev** (20 000 Einwohner), das früher Newrokóp hieß, und in dessen Nähe sich die **Ruinen der Römerstadt Nikopolis ad Nestum** (bulgarisch "Mesta") befinden. In der Stadt und in der Umgebung sprudeln über 20 **Mineralquellen** mit warmem Wasser von 31 bis 42 Grad Celsius.

22 Kilometer südlich geht die Straße weiter nach Drama (Nordgriechenland), aber bis jetzt ist noch immer kein Grenzübergang eingerichtet worden. Der Grenzübertritt ist bei Kulata, 70 Kilometer südwestlich von Goze Deltschev, möglich. Die Stadt trägt den Namen eines berühmten Kämpfers für die Befreiung Mazedoniens von der Osmanischen Herrschaft, Goze Deltschev (1872 bis 1903).

50 Kilometer südlich von Simitli liegt **Sandanski** am Fluß Bistriza. Die Stadt (30 000 Einwohner) trägt den Namen eines anderen mazedonischen Freiheitskämpfers, Jane Sandanski (1872 bis 1915). Er war der Anführer des Ilíndenaufstandes im Jahre 1903. Der ehemalige Name der Stadt lautet Swetí Vratsch ("Heiliger Wunderdoktor"), und das aus gutem Grund: Die **Mineralquellen** in der Stadt haben eine Temperatur von 82 Grad Celsius und sind äußerst heilsam. Sandanski ist ein **Kurort**, der von vielen ausländischen Kurgästen besucht wird. In der Stadt und der Umgebung sind antike Marmorplatten zu Ehren Äskulaps, des Gottes der Gesundheit und Heilkunst, gefunden worden.

Man erzählt, daß in dieser Gegend vor 20 Jahrhunderten der sagenumwobene Gladiator und berühmte Anführer des Sklavenaufstandes, **Spartakus**, geboren wurde, dessen Denkmal im Stadtzentrum steht.

Hier herrscht ein außerordentlich mildes Klima vor, 15 Grad Celsius ist die durchschnittliche Jahreslufttemperatur, und die Mineralquellen gehören der Gruppe der Akratothermen an. Ihr silicium- und fluorhaltiges Wasser ist von therapeutisch - prophylaktischer Bedeutung. Die Stadt ist seit 3000 Jahren ein

Luftkurort, ausgezeichnet geeignet zur Erholung und Genesung mit gesunder Luft, Sonne, Mineralwasser und Heilkräutern.

Besonders beliebt ist das Vier-Sterne-**Hotel "Sandanski"**, es hat vier Appartements und 291 Doppelzimmer, Telefon: 5165, 2106, 2242, Telex: 26586.

Das **Kurhotel "Sandanski"**, ein Refugium der Gesundheit, bietet in seinem Café 15 verschiedene Sorten Kräutertee an. Hier werden erfolgreiche Behandlungen von Rheuma, rheumatoider Arthritis und Bechterewscher Krankheit vorgenommen. Das Kurhotel verfügt über ein Heilbad und einige Freibäder.

Das **"Spartak"** mit seinen zwei Sternen verfügt über sieben Appartements, 28 Einzel- und 48 Doppelzimmer, Telefon:2405.

20 Kilometer südöstlich von Sandanski liegt das mit nur 296 Einwohnern kleinste Städtchen Bulgariens, **Melnik**. Hier befinden sich die ältesten erhalten gebliebenen Wohnungsgebäude Bulgariens, die bereits zwischen dem 10. und dem 13. Jahrhundert erbaut wurden. Um die Stadt herum ragen wunderliche Sandsteinpyramiden auf. Die Einwohner der Stadt sind sehr stolz auf ihren **Melniker Wein** ("Melnischko Wino"), der - so zumindest die Überlieferung - so dick gewesen sei, daß er in einem Tuch habe getragen werden können. In den Sandsteinhöhlen sind große Weinlager angelegt, und der Melniker Wein erfreut sich heute einer gewissen Berühmtheit und wird zum größten Teil exportiert - leider vorwiegend in die Vereinigten Staaten, so daß deutsche Weinliebhaber zu Hause auf diese Köstlichkeit verzichten müssen.

Melnik ist gewissermaßen eine Art Freilicht-Museum, Architektur- und Naturschutzgebiet. Das kleine Hotel **"Melnik"** hat zwei Sterne, ein Appartement, vier Einzel- und 28 Doppelzimmer, Telefon: 272, Telex: 26419. Die anderen Gasthäuser, die **"Folklorehäuser"**, haben jeweils zwei Sterne, Telefon: 257 beziehungsweise 235.

Sechs Kilometer nördlich von Melnik liegt das **Kloster Roshen**, gegründet im 12. Jahrhundert, mit wunderbaren Wandmalereien in der **Kirche Swetá Bogorówiza** (Heilige Gottesmutter), gemalt im Jahre 1597. Hier gab es im 14. Jahrhundert eine kalligraphische Schule, und die Handschriften aus Roshen werden in der Grabeskirche in Jerusalem bis heute aufbewahrt.

27 Kilometer südwestlich von Melnik liegt die Stadt **Petritsch** mit ihren 30 000 Einwohnern. In der Umgebung sind noch die **Überreste der antiken Stadt Petra** zu sehen, der die Stadt ihren Namen verdankt. Petritsch liegt am Fuße des **Belassiza-Gebirges** und ist ein **Heilbad**. Die Mineralwassertemperatur beträgt zwischen 25 und 30 Grad Celsius und wirkt günstig auf Herz- und Kreislaufkrankheiten, Rheuma, Nierenerkrankungen, Lungenleiden und Allergien.

Petritsch ist darüber hinaus die wärmste Stadt Bulgariens; hier gedeihen Tabak, Baumwolle, Erdbeeren, Erdnüsse, Kastanien, Walnüsse, Feigen und Pfirsiche.

22 Kilometer südlich von Sandanski liegt das Dorf **Kulata** ("Turm"). Dort befindet sich der Grenzübergang zwischen Bulgarien und Griechenland; Saloniki liegt 113 Kilometer südlicher.

Sofia - Pernik - Kjustendíl - Gjuéschevo

Diese Route verläuft entlang der Nationalstraße E 871, die Sofia über eine Entfernung von 227 Kilometern mit Skopje verbindet. **Pernik** an der Struma zählt fast 100 000 Einwohner und liegt 31 Kilometer südwestlich von Sofia. Vermutlich kommt der Name Pernik von Perun, dem slawischen Gott.

Pernik ist heute ein Kohleförder- und Industriezentrum, kann aber auf eine lange Geschichte zurückblicken. Der **Krakra-Hügel** läßt erkennen, daß sich hier einst eine große thrakische Siedlung befand, die später, im 5. Jahrhundert vor Christus, in eine mächtige Festung umgewandelt und dann doch von den Römern zerstört wurde. Anfang des 9. Jahrhunderts wurde die Stadt bulgarisch und war während des Mittelalters wieder eine starke Festung.

Alle zwei Jahre ist die Stadt Gastgeberin des nationalen **Kukeri- und Surwakari-Festivals**. Das Fest ist sehr lebensfroh und erweckt die Kukeriparade und die Surwakari-Spiele und -Bräuche zu neuem Leben.

Das **Historische Museum** in der Fiskulturnastraße 2 und die **Kunstgalerie** im Kulturhaus in der Alexánder-Milenov-Straße 2 sind einen Besuch wert, zumal die Stadt außerhalb der Festivalzeit den Touristen wenig zu bieten hat.

Das beste **Hotel**, das **"Struma"**, hat zwei Sterne, drei Appartements, 28 Einzel- und 111 Doppelzimmer, Telefon: 23056 und 24589, Telex: 28552.

Von Pernik aus geht eine Landstraße nordwestlich in Richtung der bosnischen Städte Surduliza und Leskovaz. Die Straße führt durch **Bresnik**, das 4000 Einwohner zählt, 22 Kilometer von Pernik entfernt liegt und das Zentrum des Gebietes darstellt. Bresnik ist durch seine zwei **kalten Mineralquellen** bekannt.

Das nächste Städtchen, 48 Kilometer von Pernik entfernt, heißt **Tran** ("Dornstadt") am **Fluß Erma**, zählt 5000 Einwohner und liegt 48 Kilometer weit von Pernik entfernt. Tran ist ein kleiner **Kurort** und wird von Touristen vor allem wegen der **Erma-Schlucht** besucht. Diese nur drei bis vier Meter breite Schlucht ist sehr malerisch anzusehen, weil links und rechts die Kalksteinfelsen 120 Meter hoch aufragen. Auch der Fluß Erma selbst trägt durch seine vielen Strudel und einen fünf Meter hohen **Wasserfall** zu dem idyllischen Bild bei.

Der **Grenzort** Stresimírowzi liegt 18 Kilometer westlich von Tran. Die Straße von Pernik nach Kjustendíl geht über **Radomir**. Die Stadt hat 12 000 Einwohner und trägt den Namen eines bulgarischen Zaren aus dem 11. Jahrhundert. Radomir liegt 13 Kilometer südlich von Pernik. Das **Hotel "Radomir"** rangiert in der Zwei - Sterne -Kategorie, hat sechs Appartements sowie sechs Einzel- und 30 Doppelzimmer, Telefon: 2570.

20 Kilometer südwestlich von Radomir liegt die kleine, 3000 Einwohner zählende Stadt **Semen** an der Struma ("Bodenstädtchen"). Ganz in der Nähe rauscht der 100 Meter hohe **Wasserfall Skakawiza** ("Sprungwasserfall") zu Tal. Das Kloster von Semen heißt **Swetí Joán Bogoslów** ("Heiliger Evangelist Johannes") und wurde im 11. Jahrhundert gegründet. Die Kirche des Klosters ließ der Despot Dejan, Fürst von Velbashd (heute Kjustendíl) im Jahre 1354 ausbauen und mit Wandmalereien schmücken. Die Maler stellten sakrale und profane Szenen mit vielen interessanten Details dar.

Wenn man von Semen auf die Europastraße 871 zurückfährt, sollte man die Route nach **Iswor** wählen. Dieses Dorf befindet sich schon 13 Kilometer von Radomir entfernt auf dem Weg nach Kjustendíl, bis wohin es dann noch 33 Kilometer sind.

Die Stadt Velíko Tarnovo

Bergpanorama bei Pamporovo

Skisport als Kinderspiel

Plovdiv: Das römische Amphitheater

... und das Kloster

Nessebar: Die alte Kirche

Das moderne Seebad Albéna

An einem Zufluß der Struma, der Banska, liegt die Stadt **Kjustendíl** am Fuße des Ossogóvska-Gebirges, dessen höchster **Gipfel Ruen** 2251 Meter mißt. Die Stadt liegt 87 Kilometer von Sofia entfernt.

Der Kjustendíler Talkessel, der als "Obstgarten Bulgariens" bezeichnet wird, ist wie die Talkessel von Dupniza, Blagóevgrad und Raslog südwestlich und südlich von Sofia sehr fruchtbar.

Die Stadt kann auf eine tausendjährige Geschichte zurückblicken. In den Anfängen war hier eine thrakische Marktsiedlung. Als Festung trug die Stadt später den Namen Pautália. Ihre Blütezeit erlebte sie in der Römerzeit unter dem Namen Ulpia Pautália. Damals wie auch heute hatte die Stadt über 40 **Mineralquellen**, deren Wassertemperaturen bis zu 76 Grad Celsius betragen. Bereits im 1. Jahrhundert nach Christus wurde hier ein großes Mineralbad, das **Asklepion**, gebaut. Mit seiner Fläche von 3600 Quadratmetern soll das Heilbad nach dem Bad im griechischen Epidauros das zweitgrößte gewesen sein. Im 4. Jahrhundert wurde die Festung **Hissarlák** errichtet.

Im Mittelalter hieß die Stadt vom 11. bis zum 14. Jahrhundert Velbashd und war wieder eine wichtige Festung. Im Jahre 1395 fiel Velbashd unter osmanische Fremdherrschaft, und seitdem heißt die Stadt Kjustendíl, abgeleitet vom Namen eines örtlichen Herrschers, Konstantín.

Die Stadt zählt heute 60 000 Einwohner und hat viele Sehenswürdigkeiten zu bieten: Das **Historische Museum** in der **Achmed-Bej-Moschee** (erbaut 1575), Überreste des römischen **Asklepions** (2. bis 4. Jahrhundert) im Stadtzentrum, den **Pirgov-Turm** (15. Jahrhundert) - ein fast 15 Meter hoher Wehrturm in der Nähe des Asklepions -, die **Swetá-Bogoródiza-Kirche** (Mutter-Gottes-Kirche) aus dem Jahr 1816, einige Häuser im Volksstil, die heute Museen sind, das **Efendievhaus** (erbaut 1870), das **Iljo-Voivoda-Haus** (nach einem bekannten Haidukenanführer), die **Zellenschule** (entstanden 1849), den **Hissarláka-Hügel** mit Überresten der römischen Festung - Marmorbäder, Tempel, Stadion, Theater, Forum, Wasserleitungen - schließlich die Kirche **Swetí Geórgi** (Heiliger Georg) aus dem 11. Jahrhundert.

Die **Gemäldegalerie** verfügt über mehr als 200 Werke des hier geborenen bulgarischen Malers Vladimír Dimitróv - Maistora ("Der Meister"), der von 1882 bis 1960 lebte. An der

Straße nach Dupniza steht eine der ältesten Brücken in Südosteuropa, die **Kadíin Most**, 1469 bis 1470 unter dem Großwesir Isaak erbaut. Der Kadíja, also der "Kadi", war ein Geistlicher, der in der Stadt auch als weltlicher Richter fungierte, der Großwesir war der Kanzler des osmanischen Herrschers.

Kjustendíl ist ein großes **Kurzentrum**. Dem **Wasser** werden heilende Wirkungen auf Erkrankungen des peripheren Nervensystems, Rückenmarksentzündungen, Bandscheibenschäden und Neuritis, auf Sterilität und Frauenleiden, Hautkrankheiten wie chronische Ekzeme, Hautausschläge, Akne, Neurodermatitis, ja sogar auf schwere chronische Vergiftungen nachgesagt.

Kjustendíl hat drei **Hotels**: Das "Velbashd" liegt am Bahnhof, hat drei Sterne, 10 Appartements, 39 Einzel- und 98 Doppelzimmer, Telefon: 20246. Das Zwei-Sterne-Hotel **"Pautália"** verfügt über vier Appartements, sieben Einzel- und 50 Doppelzimmer, Telefon: 24561. Das kleine **"Hissarláka"** schließlich hat nur einen Stern, ein Appartement und neun Doppelzimmer, Telefon: 25696. Ein poliklinischer Bädertrakt befindet sich in unmittelbarer Nähe der Hotels "Velbashd" und "Pautália".

Kjustendíl liegt auf einer Höhe von 570 Metern über dem Meeresspiegel.

22 Kilometer südwestlich von Kjustendíl befindet sich das Dorf **Gjuéschevo**. Nach fünf weiteren Kilometern ist der **Grenzübergang** in Richtung Skopje erreicht.

30 Kilometer nordwestlich von Kjustendíl, beim **Dorf Dolno Ulino**, gibt es noch einen weiteren Grenzübergang in Richtung Bossilegrad (Bosnien).

Sofia - Kalótina (Zarevbrod - Pirot - Nisch - Belgrad)

Auf der 55 Kilometer langen Nationalstraße E 80 Sofia - Kalótina erreicht man nach 25 Kilometern in nordwestlicher Richtung die Stadt **Sliwniza** ("Pflaumenwald"), in der 10 000 Menschen leben. Das örtliche **Hotel "Krassnogorsk"** hat zwei Sterne, drei Appartements, vier Einzel- und 59 Doppelzimmer, Telefon: 2359. Sehenswert sind hier der **Sumpf bei Aldomirowzi** und die **Karstgegend des Ponor-Gebirges**, wo zahlreiche Karstquellen sprudeln.

13 Kilometer weiter liegt das Städtchen **Dragoman** (griechisch "Deuter", "Übersetzer") mit seinen 5000 Einwohnern. In nördlicher Richtung, nicht weit von der Stadt, können architekturhistorisch Interessierte an einer malerischen Kurve das **Felsenkloster von Krushilovo** aus der Wiedergeburtszeit bewundern.

Sofia - Montána - Vidin

Es gibt drei Möglichkeiten, von Sofia aus die Stadt Montána zu erreichen.

Die **erste Variante** ist die Route Sofia - Kostinbrod - Berkoviza - Montána mit einer Länge von 114 Kilometern. **Kostinbrod**, die erste größere Ortschaft auf dieser Strecke, 18 Kilometer nördlich von Sofia, ist eine kleine Stadt (13 000 Einwohner) und ohne jedes touristische Interesse.

Am 44sten Kilometer, kurz nach dem Passieren des Dorfes Butschin Prochod, kann man nach **Godetsch** an der Nischawa abbiegen. Die Stadt zählt 6000 Einwohner und entwickelt sich in letzter Zeit zu einem Kurort in schöner Landschaft mit guter Luft.

Von Butschin Prochod geht es weiter nach Berkoviza über den Paß **Petrochanski Prochod** ("Petersgasthof-Paß"). Der Paß ist 44 Kilometer lang und mit seinen 1440 Metern Höhe verhältnismäßig hoch gelegen.

Berkówiza zählt 20 000 Einwohner und ist ein **Bergkurort**. Hier gedeihen Kastanien, Erdbeeren und Himbeeren besonders gut. Aus den Himbeeren wird Himbeerwein gekeltert, den man unbedingt kosten sollte. Die Kastanien hier schmecken - geröstet - auch sehr lecker. Sehenswürdigkeiten sind die Kirche **Swetá Bogoródiza** (Heilige Mutter Gottes) aus dem Jahre 1846, der **Uhrturm** (1762), das **ethnographische Museum** und das Haus des Dichters Iván Vasov. Von der Stadt aus werden Wandertouren und Ausflüge organisiert: Zum Gipfel **Kom**, zum Gipfel **Todórini kukli** ("Todoras Puppen"), zu den **Berghütten** Bjalata vodá und Probójniza und zum Kloster **Klissurski**.

18 Kilometer östlich von Berkówiza liegt der Kurort **Varschez** ("Wipfel") an der Botunja. Das hydrogenkarbonathaltige Mineralwasser wirkt heilend auf Funktionsstörungen des zentralen Nervensystems wie Neurosen, Neurasthenie, Hysterie,

klimakterische Zustände, auf Herz- und Kreislauferkrankungen wie hohen Blutdruck, Herzschwäche, auf Arteriosklerose und auf endokrine Erkrankungen wie Diabetes und toxische Hyperfunktion der Schilddrüse.

Das Zwei-Sterne-Hotel **"Sdrawez"** bietet ein Appartement, vier Einzel- und 66 Doppelzimmer an, Telefon: 2161, 2214 und 2216. Von Warschez aus sind es nach Montána über Berkówiza noch 29 Kilometer.

Die **zweite Variante** führt über 156 Kilometer von Sofia nach Montána. Die Route läuft parallel zum Fluß Iskar, durch die Iskar-Schlucht und durch die kleinen Städtchen Novi Iskar und Swoge.

Bei **Novi Iskar** am Iskar (15 000 Einwohner) beginnt die 67 Kilometer lange **Iskar-Schlucht**. Die Stadt **Swoge** zählt 10 000 Einwohner, nördlich liegt das Dorf Lakátnik. Hier ragen wunderschöne **Felsen** bis zu 250 Meter hoch und stellen für so manchen Bergsteiger eine Herausforderung dar. In den Felsen finden sich viele Höhlen, Eingänge und Galerien. In der größten Höhle, **Temnata dupka** ("Dunkles Loch"), fließt ein unterirdischer Fluß. Außerdem wachsen dort seltene Pflanzen. Die Höhle ist nicht für Massenbesuche geeignet, aber Individualtouristen sollten die geheimnisvolle Atmosphäre dieser Höhlen erleben.

35 Kilometer nordöstlich liegt neben dem Dorf **Tscherepisch** ein **Kloster**, das bereits in den Jahren 1390 bis 1396 gegründet worden ist und eine umfangreiche Bibliothek beherbergt, die viele geistliche Schriftsteller in der Zeit der Wiedergeburt angezogen hat. In der Nähe ragen bizarre Felsformationen empor.

Noch weiter nördlich, bei dem Dorf **Ljutibrod** (Scharfenfurt), stehen Felsen mit einer Breite von zwei bis sieben Metern und einer Höhe von 60 bis 80 Metern, die **Ritlite** ("Wagenleiter") genannt werden. Weiter geht die Straße über Mezdra und Vraza nach Montána.

Die **dritte Variante** ist vielleicht die attraktivste, weil die 157 Kilometer lange Strecke am schönsten ist. Die Route geht zunächst 62 Kilometer in nordöstliche Richtung auf der Autobahn "Misia" von Sofia nach Varna. Am zehnten Kilometer außerhalb von Sofia befindet sich die Ausfahrt zum Dorf

Kremíkowzi, mittlerweile einem Vorort von Sofia. Kremíkowzi ist durch die hier ansässige Industrie, vor allem aber durch sein **Kloster** bekannt. Zar Iván Alexánder ließ im 14. Jahrhundert vierzehn Klöster in der Umgebung Sofias bauen, deshalb wurde die Gegend auch der "Sofioter Athos" genannt. Das Kremíkowzier Kloster wurde 1332 vernichtet und im Jahre 1493 wiedererrichtet. Bis heute hat sich nur die Kirche **Swetí Geórgi** (Heiliger Georg) mit ihren herrlichen Wandmalereien erhalten. An einer Wand ist die heilige Elena, die Mutter Kaiser Konstantíns, dargestellt.

Die um Sofia gelegenen Klöster **Dragaléwzi**, **Kremíkowzi**, **Kokáljane** und **German** entwickelten im 15. Jahrhundert die literarische Schule Sofias.

Die Straße geht von Sofia aus weiter über den Bergpaß **Vitínja** nach **Botevgrad**. Das 25 000 Einwohner zählende Botevgrad trägt den Namen des größten bulgarischen Dichters, **Christo Botev** (1848 bis 1876). Interessant sind der **Uhrturm** aus dem Jahr 1866 und die Kirche **Sweto Vasnassénije** (Himmelfahrtskirche), fertiggestellt 1864. Am Christo-Botev-Platz befindet sich das Drei-Sternehotel "Botevgrad", das dem Besucher sechs Appartements und 114 Doppelzimmer zur Auswahl stellt, Telefon: 7079.

Weiter führt der Weg durch die wenig interessante Stadt **Mesdra** am Iskar, 37 Kilometer nördlich von Botevgrad gelegen, nach dem 17 Kilometer entfernten **Vraza** ("Türchen", "kleine Pförte"), der mit 80 000 Einwohnern größten Stadt Nordwestbulgariens. Sehenswert ist auch hier der **Uhrturm** aus dem 17. Jahrhundert und das **Denkmal Christo Botevs**. Nicht weit von Vraza, auf dem **Gipfel Wola** ("Büffel"), fand Botev seinen Tod. Am 2. Juni, dem Tag, an dem Botev erschossen wurde, werden jedes Jahr Ausflüge von Koslodúj an der Donau zum Gipfel Wola in der Gegend Okoltschiza unternommen. Dabei handelt es sich um den Weg, den Botev und seine Gefolgsleute im Mai 1876 gegangen waren. Zwei Marschrouten sind möglich: Koslodúj - Misia - Altimír - Borován - Baniza - Vraza - Wolagipfel oder Koslodúj - Bután - Hairedín - Boitschínowzi - Kriwodól - Wolagipfel.

16 Kilometer weiter westlich liegt die größte Sehenswürdigkeit Vrazas, die **Ledenika-Höhle** ("Eishöhle"). Sie gehört für Bulgarien-Reisende zum Pflichtprogramm.

Unterirdische Säle, Gänge und kleine Seen entführen den Besucher in eine unbekannte Welt. Die größte der Höhlen ist der "Konzertsaal" mit seinen 60 mal 45 mal 23 Metern.

Die historischen Ursprünge Vrazas liegen in der Zeit der Thraker: 1969 wurde bei einer Ausgrabung ein reich ausgestattetes Grab gefunden, das darauf schließen läßt, daß Vraza einst eine thrakische Siedlung war.

Die Stadt hat zwei Zwei-Sternehotels. Das **"Hemus"** bietet drei Appartements, fünf Einzel- und 86 Doppelzimmer an, Telefon: 23580. Im **"Haschowe"** ("Rebellen") stehen vier Appartements und 29 Doppelzimmer zur Verfügung, Telefon: 24287.

40 Kilometer nordwestlich von Vraza liegt die Regionshauptstadt **Montána** an der Ogosta. In Montána leben heute 60 000 Einwohner; schon in der Römerzeit existierte die Stadt als Castra ad montanesium ("Stadt am Gebirge"). 1891 wurde sie in Ferdinsand umgetauft, ab dem Jahr 1954 hieß sie Michailovgrad und seit 1992 trägt sie wieder ihren alten Namen Montána, der auch für die ganze Region gilt. Das örtliche **Hotel "Shitomir"** hat drei Sterne und vier Appartements, 16 Einzel- und 130 Doppelzimmer, Telefon: 29186.

35 Kilometer westlich liegt das Städtchen **Tschiprovzi** ("Zypräer") an der **Ogosta**. Man vermutet, daß das Wort "Ogosta" altslawischer Herkunft ist und soviel wie "gastfreundlicher Fluß" bedeutet. Tschiprovzi zählt heute 5000 Einwohner, aber seine Blüte erlebte es bereits im 15. und 16. Jahrhundert durch den regen Handel mit Wien, Budapest und Dubrovnik.

Sehenswert ist das **Tschiprovzer Kloster**, das im 15. Jahrhundert gegründet wurde. Aus dem 17. Jahrhundert ist nur noch der Brunnen **Scharenata Tscheschmá** erhalten geblieben. Attraktiv ist auch die Kirche **Sweto Vasnessénie** (Heilige Himmelfahrt). Beliebte Ausflugsziele sind die **Gipfel Midshúr** (2186 Meter) und **Martínova Tschuka** ("Martins Gipfelfelsen") mit 2026 Metern, der **Wasserfall**, die **Berghütten** "Kresna" und "Kokren" und die **Höhle Mischin Kamak** ("Mäusestein"). Wer statt ursprünglicher Natur lieber nach originellen Souvenirs Ausschau hält, sollte sich aus Tschiprovzi einen handgemachten Teppich mitnehmen, denn die Stadt ist berühmt für ihre typischen Teppiche.

Die Entfernung Montána - Vidin beträgt 85 Kilometer. Ein paar Kilometer vor Dimovo, südlich des Flusses Artschar, liegt **Belogradtschík** ("Weißstädtchen") mit seinen 10 000 Einwohnern. Die Festungsstadt römischen Ursprungs wurde vor allem berühmt durch ihre gewaltige **Felsenlandschaft**, die mehr als 150 Meter hoch und drei Kilometer breit und 30 Kilometer lang ist - ein wahres Naturphänomen. Die Felsen und Klippen entstanden durch die Erosion des Sandsteines, und beeindrucken durch ihre bizarren Formen und ihre überwältigende Größe. Zu Römerzeiten befand sich auf den Felsen eine uneinnehmbare Festung an der strategisch wichtigen Straßenverbindung zwischen der Donau und der Adria.

30 Kilometer nordwestlich liegt die **Magurahöhle**. Sie ist zweieinhalb Kilometer lang und besteht aus einem Labyrinth mit imposanten Sälen, versteinerten Bächen und Steinfiguren. Die Höhle wird von zahlreichen Touristen besucht, obgleich ein Rundgang mindestens zwei Stunden dauert. In der Höhle befinden sich außerdem **Felsenmalereien** aus dem Anfang des ersten Jahrhunderts, die Menschen und Tiere darstellen. Der Magurahöhle werden heilende Kräfte nachgesagt; so wurde ein Teil der Höhle in ein Sanatorium für Asthmakranke umgewandelt.

Vidin (Vidastadt) an der Donau zählt 68 000 Einwohner. Die Stadt wurde im dritten Jahrhundert vor Christus von den Kelten gegründet und trug damals den Namen Dunonia; später bauten die Römer sie zur Festung aus und gaben ihr den Namen Bononia, der bulgarische Name war Bdin. Im 14. Jahrhundert machte Zar Iván Strazimir Vidin zur Hauptstadt seines Reiches und ließ die **Festung Baba Vida** ("Großmutter Vida") bauen.

An Sehenswürdigkeiten bietet Vidin vor allem die **Festung** und Reste der **Befestigungsmauer** an der Donau. Daneben lohnen aber auch die **Moschee** und die **Bibliothek des Paschas**, das **historische Museum** und die Kirchen **Swetí Pantaleimon** (1634) und **Swetá Petka** (1633) sowie die **Synagoge** einen Besuch. Beherrscht wird das Stadtbild von der **Kathedrale Swetí Dimíter**, die von 1885 bis 1889 erbaut wurde. Vidin ist zudem der Geburtsort des bekannten Malers Jules Pascin (1885 bis 1930).

Von Vidin aus führt eine Straße über Bregovo, eine Uferstadt am Timok, zur bosnischen Stadt Negotin. Das 7000 Einwohner zählende **Bregovo** liegt direkt an der Grenze, 29 Kilometer von Vidin entfernt. Eine weitere nach Jugoslawien führende Straße verläuft über das Städtchen **Kula** ("Turm") und durch die Gegend Vraschka Tschuka ("Gipfelstein") nach Saitschar. Die Gesamtlänge dieser Strecke beträgt 32 Kilometer.

Vidin hat eine **Fährverbindung** mit der Stadt Kalafat in Rumänien. In der Saison verkehren die Fähren viermal, ansonsten zweimal täglich. Man will hier eine Brücke über die Donau bauen, aber noch existieren keine konkreten Pläne.

Sogar zwischen Deutschland und Bulgarien besteht eine direkte Fährverbindung. Von Passau aus fahren vier Schiffe vom Typ "Katamaran" nach Vidin. Die Hafenstadt verfügt über zahlreiche **Bootshäuser**, **Hotels** und einen **Campingplatz**.

Zwischen zwei Zwei-Sternehotels kann der Vidin-Besucher wählen: Dem **"Rowno"** mit 6 Appartements, 8 Einzel- und 132 Doppelzimmern, Telefon: 24402, und dem **"Bononia"** mit einem Appartement, sechs Einzel- und 48 Doppelzimmern, Telefon: 23031.

Sofia - Plovdiv (156 Kilometer)

Fährt man die Autobahn von Sofia nach Plovdiv, so kommt man 55 Kilometer südöstlich von Sofia an der 13 000-Seelen-Stadt Ichtimán am Matni vir ("Trübe Tiefstelle") vorbei. Wer hier von Müdigkeit übermannt wird oder sich einfach nur erfrischen und stärken möchte, dem sei hierfür das Drei-Sterne-Motel "Ichtimán" mit 44 Doppelzimmern, Telefon: 2301, empfohlen.

Plovdiv an der Maríza ist eine Großstadt von 400 000 Einwohnern und liegt malerisch auf mehreren Hügeln zu beiden Ufern des Flusses. Es ist die zweitgrößte Stadt Bulgariens und die alte Hauptstadt der Thraker und auch Südrumeliens, das von 1878 bis 1885 bestand.

Im 2. Jahrhundert vor Christus stand hier die thrakische Siedlung Eumólpia. Im Jahre 343 vor unserer Zeitrechnung benannte Philipp II. von Mazedonien (359 bis 336) die Stadt nach sich selbst Philippopolis. Vom dritten bis zum ersten Jahrhundert hieß die Stadt dann Pulpudéva, wurde aber von den Kelten gestürmt, im Jahre 45 nach Christus dann von den Römern erobert und Trimonzium genannt. Lukian, der griechische Schriftsteller, bezeichnete im zweiten Jahrhundert die Stadt als "die größte und schönste aller Städte der Provinz

Thrakien", andere Chronisten priesen sie als "die glanzvollste Stadt". Die Römer bauten hier einige prunkvolle und imposante Tempel, die aber im Jahre 251 von den Goten zerstört wurden.

Unter Khan Malamir wurde die Stadt im Jahre 846 bulgarisch und bekam den slawischen Namen Paldin. Während des 13. Jahrhunderts wurde Paldin zweimal von den Kreuzrittern angegriffen und erobert. Im Jahre 1364 fiel sie an die Osmanen und wurde in Filibé umbenannt.

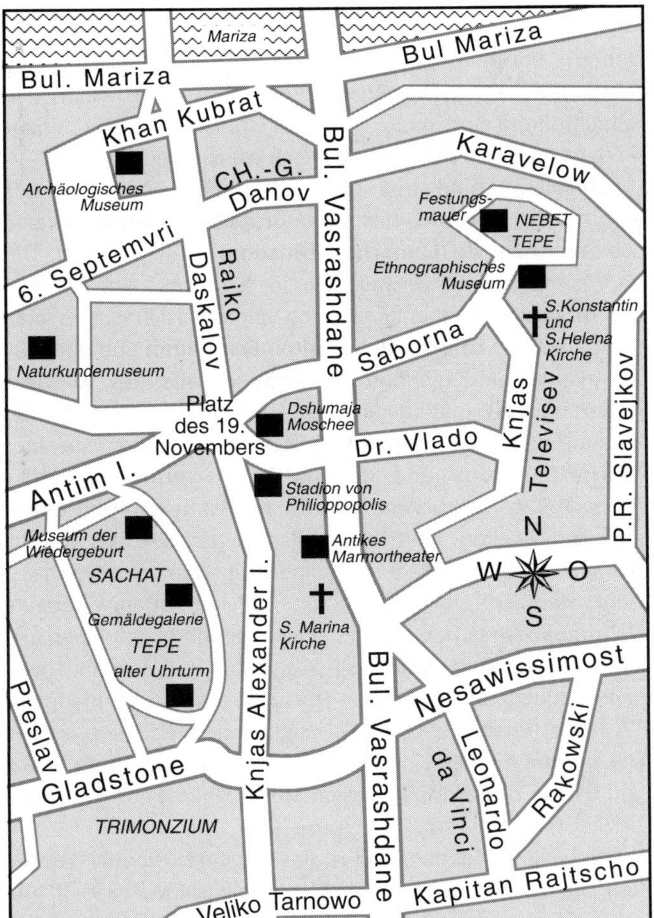

Plovdiv, Innenstadt

Während der Wiedergeburtszeit im 18. und 19. Jahrhundert haben die geschäftstüchtigen und wagemutigen Plovdiver Kaufleute Handel weit über die Grenzen des Osmanischen Reichs hinaus getrieben, mit Ägypten, Indien und Mittel- und Westeuropa.

Heute ist Plovdiv eine **Universitätsstadt**. Neben der Universität "Paíssij Hilendárski" gibt es noch vier weitere Hochschulen. Plovdiv ist auch eine Stadt der Kultur. Bekannt wurde sie durch ihre Oper, Kunstgalerie und die Gemäldeausstellungen und als Gastgeber eines internationalen Kammermusikfestivals. Der alte Traditionsverlag "Christo-G. Danov", spezialisiert auf Übersetzungsliteratur, und der "Lettera-Verlag", Herausgeber deutscher Lehrbücher und Sprachführer, sind auch über die Grenzen Plovdivs hinaus renommiert. Seit 1892 ist Plovdiv eine **Messestadt**.

Sehenswert sind das **Archäologische Museum**, das **Naturkundemuseum**, das **Ethnographische Museum** und das **Alphonse de Lamartine Museum** in der Altstadt. Der französische Dichter verweilte hier im Jahre 1833 eine Zeitlang. Die **Altstadt** selbst erstreckt sich über drei Hügel, wo man heute noch die **Überreste der alten Festungen** und über 200 Jahre alte wunderschöne **Stadthäuser aus der Wiedergeburtszeit** bewundern kann. Seit 1956 steht die Altstadt unter Denkmalschutz. Im Stadtzentrum sind noch die Überreste eines **Marmorstadions** und des **antiken Forums** zu sehen. Besonders beeindruckend ist das **römische Amphitheater** aus dem zweiten Jahrhundert, das in der Zeit des Kaisers Marcus Aurelius auf dem Hang eines Hügels angelegt wurde.

Im Stadtzentrum ragt die im 15. Jahrhundert gebaute **Dshumajá-Moschee** auf, mit einem Springbrunnen innen und einer alten Sonnenuhr an der Außenmauer. Auf dem nahegelegenen Hügel befindet sich ein **Uhrturm**, erbaut am Anfang des 17. Jahrhunderts, der zu den ältesten Uhrtürmen Europas zählt. Die ältesten Kirchen sind **Swetí Konstantín und Eléna** (1832) und **Swetá Bogoródiza** (Heilige Mutter Gottes) aus dem Jahre 1836.

Das beste **Hotel** der Stadt ist das **"Novotel Plovdiv"**; es hat fünf Sterne und liegt in der Slatju-Bojadshíev-Straße 2. Auf neun Etagen verteilen sich neun Appartements und 319 Doppelzimmer, Telefon: 55892, Telex: 44595 und 44585. Es ist ein sehr luxuriöses Hotel der französischen "Novotel"-Kette mit Klimaanlage, Schwimmbecken, Nachtbar, Bowlingraum und einem reichen Angebot an touristischem Service.

Das Hotel **"Trimónzium"** hat drei Sterne und liegt in der Kapitán-Raitscho-Nikolov-Straße 2, Telefon: 23491 und 225561, Telex: 44572. Das Hotel hat vier Appartements, 64 Einzel- und 96 Doppelzimmer und verströmt den plüschigen Charme vergangener Zeiten. In der Ära des Stalinismus genoß das Haus einen legendären Ruf. Heute lassen sich vor allem japanische Touristen von dem repräsentativen Bau beeindrucken und zahlen gerne den eigentlich unangemessen hohen Zimmerpreis.

Das Park Hotel **"Sankt Petersburg"** - ebenfalls ein Drei-Sterne-Haus - liegt am Moskwa Boulevard 97 und bietet auf seinen 21 Etagen 26 Appartements, 310 Einzel- und 21 Doppelzimmer, Telefon: 55803, Telex: 44240. Tennisplätze und eine Nachtbar sind vorhanden.

Das **"Mariza"** (drei Sterne) verfügt über vier Appartements, 51 Einzel- und 116 Doppelzimmer, Telefon: 552735.

Zwei Sterne hat das am Russki-Boulevard gelegene **"Leipzig"**, das seine Gäste in zwei Appartements, 22 Einzel- und 116 Doppelzimmern unterbringen kann, Telefon: 232250 und 232470. Das günstig gelegene Haus ist natürlich bei deutschen Gästen zu Recht beliebt, denn das hilfsbereite Personal spricht perfekt Deutsch - allerdings ohne zu sächseln...

Das **"Balgária"** in der Patriárch-Evtímij-Straße 13 hat ebenfalls zwei Sterne und verfügt über sieben Appartements, 25 Einzel- und 47 Doppelzimmer, Telefon: 226064.

Das **Motel "Deveti Kilometer"** ("Am 9. Kilometer") hat drei Sterne, zwei Etagen, ein Appartement und 13 Doppelzimmer, Telefon: 233423.

Plovdiv, als Ausgangspunkt der folgenden Ausflüge, liegt 120 Kilometer von der griechischen Grenze, 300 Kilometer von Russe an der Donau, 270 Kilometer von Burgás am Schwarzen Meer und 350 Kilometer von Istanbul entfernt.

Plovdiv - Kapitan Andreevo (158 Kilometer)

Da sich die Autobahn E 80 (Sofia - Istanbul) immer noch im Bau befindet, ist man gezwungen, die alte Straße zu benutzen. **Haskovo** liegt 87 Kilometer südöstlich von Plovdiv und ist das

Zuhause von 90 000 Menschen. Die Stadt ist Hauptstadt der **Haskovoregion**, einer der neun Regionen Bulgariens. Der Name ist türkischer Herkunft und bedeutet "Marktflecken". In Haskovo befindet sich die älteste Moschee des Landes, **Eskí Dshumajá Dshamíja**, die bereits im Jahre 1395 erbaut wurde. Interessant sind auch die alten Kirchen **Swetá Bogoródiza** (1837) und **Swetí Archángel** (Heiliger Erzengel) aus dem 19. Jahrhundert mit einem wertvollen holzgeschnitzten Ikonostas von 1861. Sehenswert sind das **Historische Museum**, das Haskover **Gefängnis-Museum**, das **Kunstgewerbe-Museum** mit Exponaten aus der Zeit vom 17. bis 19. Jahrhundert, die **Ausstellung sakraler Kunst der Wiedergeburtszeit** und das **Denkmal von Kapitán Petko Wojwóda**, einem bekannten bulgarischen Seefahrer, der unter Giuseppe Garibaldi kämpfte.

In der Umgebung der Stadt, sechs Kilometer von Plovdiv entfernt, liegt die **Festung Klokótnita**, wo Iván Assén II. im Jahre 1230 die Armee des Despoten von Epiros Theodoros Komnenos zerschlug. Dreizehn Kilometer nordwestlich, beim Dorf Rasnalovo, liegt die **Nymphenquelle**, eine thrakische Kultstätte aus dem zweiten Jahrhundert in Form einer halben Ellipse, der drei Quellen entspringen. Hier sind auch **Überreste eines Gasthofes und eines Amphitheaters** aus dem dritten bis vierten Jahrhundert gefunden worden. 18 Kilometer westlich der Stadt liegt das **Dorf Mineralni Bani** (Mineralbad). Die Wassertemperaturen dort betragen 50 bis 60 Grad Celsius, und die Wasser wirken heilend auf urologische Erkrankungen, Leberkrankheiten und Rheuma.

Das **Hotel "Aida"** hat drei Sterne und fünf Appartements, fünf Einzel- und 59 Doppelzimmer, Telefon: 25033 und 25165, Telex: 43456.

Fünf Kilometer von Haskovo entfernt liegt **Motel "Klokótniza"**. Es hat zwei Sterne; drei Etagen, zwei Appartements und 53 Doppelzimmer erwarten die Gäste, Telefon: 25387, Telex: 43402.

37 Kilometer östlich von Haskovo und vier Kilometer von **Harmanli** ("Drescherstadt"), einer Kleinstadt bar jeden touristischen Interesses, liegt an der Maríza das **Motel "Gergána"**, Telefon: 2925. Seine 16 Doppelzimmer sind im Sommer leider fast immer ausgebucht.

Swilengrad ("Seidenstadt") an der Maríza zählt 17 000 Einwohner. Die Stadt liegt 14 Kilometer von der türkischen und drei Kilometer von der griechischen Grenze entfernt. Sehenswert ist die 300 Meter lange **alte Brücke**, die 1529 gebaut wurde und unter UNESCO-Schutz steht. Sechs Kilometer südwestlich bei **Mesek** wurde ein 30 Meter langes thrakisches **Kuppelgrab** freigelegt, das nun ein Anziehungspunkt für archäologisch interessierte Besucher ist. Westlich von Mesek sind **Überreste der Festung Neubsikon** aus dem 11. und 12. Jahrhundert zu sehen. Sie ist die besterhaltene mittelalterliche Festung Bulgariens.

Das **Hotel "Swilena"** in Swilengrad hat drei Sterne und verfügt über vier Appartements, 18 Einzel- und 91 Doppelzimmer.

Plovdiv - Kardshali (106 Kilometer)

Die größte Stadt der Ostrhodopen ist das 60 000 Einwohner zählende **Kardshali** ("Räuberscharen") an der Arda. Östlich der Stadt befinden sich eigenartige **Felspyramiden** und die "Teufelsbrücke", **Djavolskija Most**. Drei mächtige **Talsperren** stauen die Arda zu größeren Seen. Sehenswert sind das **Historische Museum** und die **Kunstgalerie**, die eine große Ikonensammlung beheimatet.

Das **Hotel "Arpésos"** hat drei Sterne, auf seinen 14 Etagen verteilen sich 13 Appartements, 27 Einzel- und 98 Doppelzimmer, Telefon: 28801, Telex: 47561.

Plovdiv - Assénovgrad - Smoljan (102 Kilometer)

Assénovgrad mit seinen 50 000 Einwohnern liegt 19 Kilometer südlich von Plovdiv. Die Stadt trägt ihren Namen nach der **Assén-Festung** aus dem 11. Jahrhundert, die zwei Kilometer weiter südlich liegt. Sehenswert sind die Kirchen in der Altstadt, **Swetí Iván Predtétscha** (Heiliger Märtyrer Iván) aus dem 14. Jahrhundert, **Swetí Nikóla**, **Swetá Marína**, **Swetá Bogoródiza** und einige schöne alte Gebäude. Das **Hotel "Assénovez"** mit seinen zwei Sternen verfügt über vier Appartements, 22 Einzel- und 122 Doppelzimmer, Telefon: 5396.

Sieben Kilometer südlich Assénovgrads in der Nähe des Dorfes **Batschkovo** liegt das **Batschkovo-Kloster**. Es wurde 1083 von zwei byzantinischen Feldherren georgischer Herkunft, Grigorij und Abassij Bakuriáni, gegründet. Der älteste erhalten gebliebene Trakt des Klosterkomplexes aus dem elften Jahrhundert ist mit wertvollen Wandmalereien geschmückt; das Kloster steht unter UNESCO-Schutz. Die ältesten Kirchen Batschkovos sind **Swetí Archángeli** (Heilige Erzengel), eine Kirche aus dem 12. bis 14. Jahrhundert, und die Hauptkirche **Uspénie Bogoróditschno** (Entschlafene Gottesmutter) aus dem Jahre 1643.

In den Rhodópen, sieben Kilometer westlich von Assénovgrad, steht das **ehemalige Kloster Swetí Kirík und Julia**. Es wurde mitsamt der zugehörigen Kirche **Swetá Paraskéva**, die aus den Jahren 1847/48 stammt, zum Teil nach alten Plänen und zum Teil nach neuen Entwürfen einer internationalen Gruppe von Architekten wiederaufgebaut; die Wandmalereien der Kirche sind wahre Meisterwerke. Heute beherbergt das Kloster allerdings keinen Mönchsorden mehr, sondern ist **Sitz der Internationalen Akademie für Architektur**. Daneben ist im Kloster ein modernes **Hotel** mit 8 Appartements, 10 Einzel- und 24 Doppelzimmern untergebracht, Telefon: 27917 und 27322, Fax: 27009. Ein paar Tage in den neuen und doch altehrwürdigen Mauern aus Stein und Holz sowie in der malerischen Natur der Umgebung, das ist den Abstecher mit Sicherheit wert.

35 Kilometer südlich von Assénovgrad liegt das kleine 5000-Seelen-Städtchen **Laki** ("Flußwiesen"), in dessen Umgebung sich das große Jagdrevier "Kormissosch" befindet. In der Gegend gibt es noch viele Bären, Hirsche, Wildschweine, Mufflons wie auch Auerhähne, Rebhühner und andere Wildarten, außerdem werden Forellen gezüchtet.

Das Dorf **Narétschenski Bani** ("Bedachtes Bad") liegt 25 Kilometer südwestlich von Assénovgrad. Das Mineralwasser steht seinen heilenden Eigenschaften nach an erster Stelle in Bulgarien und an vierter Stelle in ganz Europa! Es wirkt heilend auf Funktionsstörungen des zentralen Nervensystems, endokrine Erkrankungen, Bluthochdruck und Arteriosklerose; die Behandlungen werden in der örtlichen **Bäderklinik** vorgenommen. Das einfache **Hotel "Saréniza"** bietet ein Appartement und 24 Doppelzimmer an, Telefon: 274.

14 Kilometer weiter südlich ist eine Abzweigung zu den **Tschudnite Mostóve** ("Wunderbare Brücken"). Über einem 45 Meter tiefen Abgrund hat hier die Natur eine natürliche, fast zehn Meter lange Brücke geschaffen.

45 Kilometer südlich von Narétschenski Bani liegt das kleine Städtchen **Tschepeláre** (7000 Einwohner) zu beiden Ufern des Tschepeláren-Flusses. Mit seinen 1140 Höhenmetern ist es die höchstgelegene Stadt Bulgariens. Der Luftkurort im Herzen der Rhodopen beheimatet ein wohl einzigartiges Museum - das **Höhlenmuseum**, wo viele Relikte und Gebrauchsgegenstände der Urmenschen ausgestellt werden.

Von Tschepeláre aus werden Ausflüge zu den malerischen Örtchen **Slawéjno**, **Schiróka Laka**, **Momtschílowzi**, zu der **Berghütte "Isgrev"**, zur Anhöhe **Tschernátiza** und zum Gipfel **Roshen** unternommen.

Zehn Kilometer südlich von Tschepeláre liegt die Stadt **Pamporovo**. 85 Kilometer von Plovdiv und 260 Kilometer von Sofia entfernt, befindet sie sich in 1650 Meter Höhe, am Fuße des **Sneshánka Gipfels** mit seinen 1926 Metern. Die durchschnittliche Lufttemperatur beträgt 8, 5 Grad Celsius, der Winter ist mild, mit einer circa 150 Tage anhaltenden Schneedecke und mediterranem Hochgebirgsklima. Der Ferienort verfügt über fünf Sessel- sowie 13 Schlepplifte, wobei die Gesamtlänge der **alpinen Skipisten** 17 500 Meter beträgt. Eine **Skischule** führt Anfänger ins winterliche Vergnügen ein.

Die Besucher Pamporovos können zwischen sieben **Hotels** wählen. Das Hotel **"Perelík"** mit seinen drei Sternen bietet 234 Zimmer mit 463 Betten an, Telefon: 3-76 bis -79. Die Gäste des "Perelík" können sich im Restaurant, Weinkeller, English Pub, Kongreßsaal, in der Diskothek, Café-Konditorei, Tages- und Nachtbar vergnügen oder im Hallenbad, Fitneßzentrum, der Bowlingbahn und in der Sauna oder bei der Physiotherapie etwas für ihre Gesundheit tun. Drei Sterne hat auch das **"Murgávez"** mit seinen 84 Zimmern und 160 Betten, Telefon: 317, 318, 741 und 742. Das Hotel hat nicht nur die übliche Nachtbar, sondern auch eine Zahnarztpraxis (!), wo man sich spezielle Zahnprothesen anfertigen lassen kann. Das **"Prespa"** ist ebenfalls ein Drei-Sterne-Hotel und offeriert 85 Zimmer, 168 Betten, eine Nachtbar, und die Bar "Passage" und ein kleines Einkaufszentrum. Das **"Roshen"** hat zwei Sterne und 86 Zimmer mit insgesamt 168 Betten. Es verfügt über ein gemütliches Restaurant, eine Nachtbar und einen Computerspielsaal, Telefon: 323. Das 200-Betten-Hotel **"Orfej"** ("Orpheus") kann sich zwar nur mit zwei Sternen schmücken, lockt aber mit einem gut bestückten Weinkeller, einem Restaurant, einer Bar und einer eigenen Konditorei; Telefon: 315. Das **"Panoráma"** hat ebenfalls zwei Sterne und verfügt neben seinen 81 Zimmern mit 154 Betten über ein Restaurant, eine Bar und einen Weinkeller und hält für seine Gäste eigene Skiausrüstungen bereit. Im **"Sneshánka"** - gleichfalls mit zwei Sternen versehen - kann man in einem von 47 Zimmern logieren; für Unterhaltung ist in einem Restaurant, einer Tages- und einer Nachtbar gesorgt, Telefon: 316.

Außerdem befindet sich in Pamporovo die **Bungalow-Anlage "Malína"**. Neben den 30 Massivholz-Bungalows mit über 120 Betten umfaßt der Komplex ein Restaurant und eine Bar, Telefon: 388.

Ein **Skikurs** dauert drei bis zwölf Tage mit je zwei oder vier Stunden täglich. Eine **Snowboard-Schule** und ein **Skikindergarten** stehen den Gästen zur Vergnügung.

Pamporovo ist für seine guten **Folkloregaststätten** bekannt. Im Restaurant **"Malína"** werden Kawarmá-Kebáp und Baniza nach Rhodópenart (Blätterteiggebäck mit unterschiedlicher Füllung) angeboten. In **"Tschevërméto"** bekommen die Touristen Tschevermé (Lamm vom Spieß) und genießen das Folkloreprogramm. Die Gaststätte **"Vodenizata"** ("Mühle") bietet Leckerbissen wie Forelle, Marúdnizi (Eierkuchen mit Hefe, in Tongefäßen gebacken) und Kebáp nach Müllerart. Mehr Genuß als der Kaffee bietet der Ausblick aus dem Café des **Fernsehturms**. Aus einer Höhe von 132 Metern schweift der Blick vom Gipfel des Sneshánka weit über die Rhodópen.

In dem Ferienort werden **Skishows** und **Skikarnevals** veranstaltet. Naturliebhabern sei empfohlen, an einem der Ausflüge zu den **Dörfern Stojkite** und **Schiróka Laka**, an den Wanderungen zum **Gipfel Roshen** und zu den malerischen **Orféevi skalí** ("Orpheusfelsen") wie auch an den Exkursionen zu den Höhlen in der **Schlucht bei Trigrád** teilzunehmen.

34 Kilometer westlich von Pamporovo liegt der Kurort **Devin** ("Jungfraustadt") an der Vatscha. Das Mineralwasser mit einer Temperatur von 76 Grad Celsius wirkt heilend bei Rheuma, Gelenkentzündungen, Neuralgien, Nervenentzündungen, Wirbelsäulenerkrankungen, Magen- und Nierenerkrankungen, chronischen Magenschleimhautentzündungen, Harnblasen- und Nierenbeckenentzündungen, Nierensteinen und Hautkrankheiten.

Das Hotel **"Grebenez"** im Ort hat zwei Sterne und zwei Appartements, vier Einzel- und 74 Doppelzimmer, Telefon: 2577.

Smoljan ("Harzstadt") an der Arda liegt 15 Kilometer südlich von Pamporovo. Der Name der Stadt geht auf den slawischen Stamm der Smoljaner zurück. Bis zum 14. Jahrhundert trug die Stadt den Namen Eserovo ("Seestadt"), später zerstörten die Osmanen sie völlig. Auf den Ruinen wurde das Dorf Paschmakli errichtet, das bis zum Jahre 1934 diesen Namen trug. In letzter Zeit entwickelt die 40 000-Einwohner-Stadt sich mehr und mehr zu einem Gebirgsferienort.

Nördlich von Smoljan erstrecken sich die **Smoljaner Seen** in einer von bizarren Felsen und hohen Nadelwäldern umgebenen Senke. Das örtliche **astronomische Observatorium** gilt wegen seiner technischen Ausrüstung als das viertbeste in Europa. Im neuen Stadtzentrum steht das **Denkmal von Orpheus und Rhodópe**. Die zwei- und dreistöckigen Häuser sind typisch für den Baustil der Rhodópen, viele dieser Häuser sind **Baudenkmäler**. Neben den alten Gebäuden vermitteln auch eine **ethnographische Ausstellung** und die **Kunstgalerie** einen Eindruck von der spezifischen Kultur der Rhodópen.

Das erste Haus am Platz ist mit seinen drei Sternen das **Hotel "Smoljan"**. Der fünfstöckige Bau mit seinen fast 200 Zimmern verfügt über eine eigene Schwimmhalle, eine Sauna und eine Bowlinganlage, Telefon: 23293 und 2661, Telex: 48579. Das Zwei-Sterne-Hotel **"Sokóliza"** bietet auf zehn Etagen drei Appartements, fünf Einzel- und 68 Doppelzimmer an; im hauseigenen Volksstilrestaurant sollte man die rhodópischen Spezialitäten kosten, Telefon: 33085.

Swetá Bogoródiza (Heilige Gottesmutter), erbaut 1818, unter Denkmalschutz. Das im Stadtzentrum gelegene **Hotel "Kamengrad"** hat zwei Sterne und offeriert vier Appartements, acht Einzel- und 41 Doppelzimmer, Telefon: 3877. In Hotelnähe befindet sich ein Freibad mit Mineralwasser.

Elf Kilometer nördlich der Stadt liegt der **Luftkurort Panagjúrski kolóni**. Zehn Kilometer nordwestlich befindet sich die historische Gegend **Obórischte**, wo am 14. April 1876 die erste große Volksversammlung stattfand, in der der Beschluß zur Ausrufung des Aprilaufstandes gefaßt wurde.

Plovdiv - Streltscha - Koprívschtiza - Klissúra - Sopot - Karlovo - Kalófer - Kasanlák

Streltscha liegt 61 Kilometer nordwestlich von Plovdiv und ist mit seinen 6000 Einwohnern ein kleiner Kurort, dessen Mineralquellen eine Temperatur von 23 bis 56 Grad Celsius aufweisen.

24 Kilometer weiter nördlich liegt **Koprívschtiza** ("Brennesselstadt"), nicht weit vom **Gipfel Bogdan**, der mit seinen 1604 Metern höchsten Erhebung der Sredna Gorá. Die Stadt hat 3000 Einwohner und liegt an der Topolniza. Hier wurden die Dichter Ljuben Karavélov (1834 bis 1879) und Dimtscho Debeljánov (1887 bis 1916) und die Freiheitskämpfer Georgi Benkóvski (1841 bis 1876) und Todor Kableschkov (1851 bis 1876) geboren. Nirgendwo in Bulgarien sind so viele Beispiele für die **Baukunst der Wiedergeburtszeit** erhalten geblieben. Fast jedes zweite Haus ist hier ein Denkmal, doch auch die sakralen Bauten wie die **Mariä-Himmelfahrts-Kirche** lohnen den Besuch.

Den Touristen wird hier die zumeist willkommene Gelegenheit geboten, in Pensionen nationalen Stils zu übernachten. Von diesen - meist mit zwei Sternen versehenen - Häusern aus werden Ausflüge in die nähere Umgebung angeboten.

Klissura ("Schlucht") an der Strjama zählt 2000 Einwohner. Die Stadt schloß sich wie so viele andere dem Aprilaufstand an und wurde im Zuge der Niederschlagung weitgehend zerstört, viele der Bewohner getötet.

Heute ist das kleine Städtchen ein **Gebirgs- und Badeort** mit einem **Hotel** und einer **Jugendherberge**. Es ist der Ausgangspunkt zur Besteigung des **Gipfels Veshen** in der Stara Planiná und des **Gipfels Bogdan** in der Sredna Gorá. Die Temperatur des **Mineralwassers** liegt zwischen 17 und 22 Grad Celsius und das Wasser wirkt heilend auf Gelenkrheuma und Erkrankungen des peripheren Nervensystems.

Sehenswert sind das **Historische Museum des Aprilaufstandes**, die Kirche **Uspénie Bogoróditschno** und einige **Gedenkhäuser**.

Bei Klissura beginnt das **Rosental**. Zehn Kilometer östlich liegt das **Dorf Rosino** ("Rosendorf"), wo die im Tal angebauten Rosen in besonderen Fabriken verarbeitet werden; nach weiteren sieben Kilometern erreicht man das Dorf **Karnáre**. Von dort aus führt die Straße über den **Trojáner Paß** nach Troján. Fast die Hälfte des Jahres ist dieser Paß allerdings wegen Eis und Schnee unpassierbar.

Auch **Sopot** liegt im Rosental. Die Stadt aus der Zeit der Wiedergeburt zählt heute 12 000 Einwohner. Hier wurde der berühmteste bulgarische Schriftsteller, **Iván Vasov**, geboren. Sehenswert sind das **Vasov-Haus**, das **Jungfrauenkloster** und das **Kloster Swetí Spas**. Das **Hotel "Stara Planiná"** verfügt über zwei Appartements, zwei Einzel- und 38 Doppelzimmer, Telefon: 2675.

Das 30 000 Einwohner zählende **Karlovo** (abgeleitet von "Königsstadt") liegt fünf Kilometer östlich von Sopot. Seit Jahrhunderten werden hier die **Rosenzüchtung und Rosenölgewinnung** betrieben. Es ist der Geburtsort des Freiheitskämpfers Wassíl Ivánov Kuntschev (1837 bis 1873), der später unter dem Namen **Wassíl Lewski** zum Volkshelden wurde.

Viele Häuser sind heute Museen. Das älteste Gebäude des Ortes ist die **Kurschum-Moschee** (Kugel-Moschee) aus dem Jahre 1485. Die **Kirchen Swetí Nikóla** und **Swetá Bogoródiza** wurden 1847 beziehungsweise 1859 erbaut. Zu einem Aufenthalt in der Stadt gehört unbedingt der Besuch des **Lewski-Museums** und des **Lewski-Denkmals**.

Das **Hotel "Rosova dolina"** stellt seinen Gästen drei Appartements, sechs Einzel- und 45 Doppelzimmer zur Verfügung, Telefon: 3380.

Wie Karlovo die Stadt von Lewski ist, so ist **Kalofer** die Stadt von Botev. Kalofer zählt 6000 Einwohner und liegt an der Tundsha. Einer Sage nach soll der Woiwóda Kalífer die Stadt im 14. Jahrhundert gegründet haben. Später entwickelte sich Kalofer zu einer wohlhabenden Handwerkersiedlung; die ortsansässigen Kaufleute hatten Handelsvertretungen in Wien, Bukarest und Istanbul. Geschützt wurde die Bevölkerung durch 15 Heiduckenscharen der Umgebung.

An Sehenswürdigkeiten bietet Kalofer seinen Besuchern vor allem das **Botevhaus** und **Botevdenkmal**, die **Kirche Swetí Atanás** von 1807, die 1848 erbaute **Kirche Swetá Bogoródiza** (Heilige Mutter Gottes) und das alte **Kloster Swetó Wawedénie Bogoróditschno** (Einführung der Gottesmutter in den Tempel) aus dem Jahre 1606. In der näheren Umgebung Kalofers befindet sich der höchste Wasserfall Bulgariens, der **Kalofersko Praskálo** mit seinen 120 Metern Höhe.

Das **Hotel "Rosa"** hat zwei Sterne und bietet ein Appartement und 24 Doppelzimmer an, Telefon: 234.

Von Kalofer aus kann man Wanderausflüge zum **Botevgipfel** (2376 Meter) unternehmen. Von Sopot und Karlovo aus wird ein zweitägiger Ausflug zum **Lewski-Gipfel** (2166 Meter) und **Goljam Kupen** (2169 Meter) organisiert. Die Landschaft und die Natur um die drei Städte sind wunderschön und werden als dauerhafte Erinnerung im Gedächtnis bleiben.

Nach 24 Kilometern auf der Straße Kalofer - Kasanlak erblickt man rechterhand den Kurort **Pavel Banja** ("Paulsbad"). Der moderne Kurkomplex besteht aus Sanatorien, Heilschlammbad, Rehabilitationszentrum, Freibad, Hotels und Erholungsheimen. Die Mineralwassertemperatur schwankt zwischen 19 bis 62 Grad Celsius und das Wasser wirkt heilend auf Erkrankungen des peripheren Nervensystems und des Stütz- und Bewegungsapparates sowie auf Frauenleiden.

In **Kasanlák** ("Kesselstadt") an der Tundsha wohnen 65 000 Menschen. In der Hauptstadt des Rosentals werden jedes Jahr die **Rosenfeste** organisiert, die mit der Rosenernte im Mai zusammenfallen. Westlich von Kasanlák wurde die alte thrakische Stadt **Seutopolis** entdeckt, die im vierten Jahrhundert vor Christus von König Seut III. gegründet wurde. Im nordöstlichen Teil der Stadt fand man das bedeutendste Kulturdenkmal aus der Thrakerzeit: Das **Grabmal von Kasanlák** mit seinen im Stil der hellenischen Kunst gefertigten Wandmalereien. Darüber hinaus beeindruckt die Stadt ihre Besucher mit dem **Historischen Museum**, der **Kunstgalerie**, dem **Tschudomir-Haus**, der 1873 gegründeten **Bibliothek Tschitálischte Iskra**, den **historischen Häusern** aus der Wiedergeburtszeit, dem **Rosarium-Park** und dem **Rosenmuseum** sowie der **Kirche Mariä Himmelfahrt** aus dem Jahre 1834.

Das **Hotel "Kasanlák"** hat drei Sterne und bietet acht Appartements, 40 Einzel- und 147 Doppelzimmer; eine Nachtbar ist ebenfalls vorhanden, Telefon: 27262, 27431 und 27583, Telex: 88221. Das **"Rosa"** hat einen Stern weniger, ist allerdings mit seinen drei Appartements, drei Einzel- und 74 Doppelzimmern dafür etwas familiärer und außerdem im Zentrum der Stadt gelegen, Telefon: 24703 und 21089. Ebenfalls zwei Sterne hat das **"Sorníza"**, das seinen Gästen zwei Appartements, acht Einzel- und 42 Doppelzimmer offeriert, Telefon: 22384 und 20184, Telex 88455.

Das etwa drei Kilometer von Kasanlák entfernt gelegene **Motel "Kranska Kuríja"** hat zwei Sterne, Telefon: 24239.

Fünf Kilometer südwestlich der Stadt befinden sich die **Mineralbäder** mit einer Wassertemperatur von 45 Grad Celsius. Ihr Wasser wirkt heilend auf Erkrankungen des Stütz- und Bewegungsapparates sowie auf Nerven- und Hauterkrankungen; ein Mineral-Thermalbad steht zur Verfügung.

Nördlich von Kasanlák führt eine Straße über den Balkan, über Gabrovo und Velíko Tarnovo nach Russe an der Donau. Im **Dorf Schipka** befindet sich eine **Kirche mit vergoldeten, aufstrebenden Kuppeln**. Das Gebäude wurde im Stil der russischen Kirchen des 17. Jahrhunderts zum Gedenken an die großen Schlachten während des Russisch-Türkischen Krieges in den Jahren 1877 bis 1878 erbaut.

Plovdiv - Hissarja (42 Kilometer)

Der Kurort **Hissarja** verfügt über sage und schreibe 22 Mineralquellen. Die Wassertemperaturen liegen zwischen 37 und 51 Grad Celsius, und das Wasser wirkt heilend auf Magen-

und Darmerkrankungen wie auch auf urologische Beschwerden, Nierenbecken- und Harnblasenentzündungen; zudem werden hier postoperative Behandlungen vorgenommen. Ein Mineralfreibad steht ebenfalls zur Verfügung. In der ganzen Stadt lassen sich noch heute alte Mauern der ehemaligen **Römerfestung Hissar** finden.

Besucher haben die Wahl zwischen den beiden "Augústa"-Hotels: Das **"Augústa I."** hat zwei Sterne und umfaßt zwei Appartements und 76 Doppelzimmer; darüber hinaus wird auch medizinische Betreuung angeboten: Zahnarzt und Labor befinden sich im Haus, Telefon: 2021. Das **"Augústa II."** kann sich mit drei Sternen zieren und bietet acht Appartements, 55 Einzel- und 228 Doppelzimmer, Telefon: 3821.

Plovdiv - Stara Sagóra - Burgás (270 Kilometer)

50 Kilometer nordöstlich von Plovdiv liegt **Tschirpan**, die Stadt des Dichters Pejo Jaworov. In 37 Kilometer Entfernung befindet sich die sechstgrößte Stadt Bulgariens: **Stara Sagóra** ("Alte Sagóra") mit seinen 160 000 Einwohnern. Die Stadt wurde im fünften Jahrhundert vor Christus unter dem Namen Beróe von den Thrakern gegründet, doch die Slawen, die sich im sechsten Jahrhundert hier ansiedelten, benannten sie in Veréja um. Im achten Jahrhundert hieß die Stadt Irinopolis, im 12. Jahrhundert dann Boruj. Während der osmanischen Herrschaft schließlich bekam sie den Namen Eskí Saará. Seit 1878 trägt die Stadt ihren heutigen Namen.

Heute hat Stara Sagóra unter anderem zwei Hochschulen und eine Oper mit Sinfonieorchester. 15 Kilometer nordwestlich liegen die **Mineralbäder** von Stara Sagóra. Hier bauten die Römer in den Jahren 161 bis 163 für die Einwohner der Stadt Augústa Trajána, wie Stara Sagóra während der Römerzeit hieß, ein Bad von eindrucksvoller Größe: 2500 Quadratmeter Fläche beträgt die Anlage. Die Mineralwassertemperatur liegt zwischen 36 und 52 Grad Celsius. Hilfreich ist das Wasser für Patienten mit Rheuma, Nieren-, Magen- und Darmkrankheiten und Frauenleiden, wie auch bei Erkankungen des Stütz- und Bewegungsapparates und des peripheren Nervensystems. Kranke werden in den lokalen Sanatorien und Erhohlungsheimen behandelt, und jedem Gast stehen die Hotels und die zwei Schwimmbäder offen.

Sehenswürdigkeiten der Stadt sind das **Historische Museum**, die **Kunstgalerie**, das **Geo-Milev-Haus**, der antike Komplex **Augústa Trajána** aus dem zweiten Jahrhundert mit seinen einmaligen Fußbodenmosaiken aus dem vierten Jahrhundert und die **Eskí-Moschee** ("Alte Moschee") aus dem 15. Jahrhundert.

Übernachten kann man am besten im **Drei-Sterne-Hotel "Veréja"**, das 15 Appartements, fünf Einzel- und 222 Doppelzimmer anbietet, Telefon: 26728, Telex 88594. Das **"Šhelésnik"** hat einen Stern weniger und verfügt über fünf Appartements, sieben Einzel- und 50 Doppelzimmer, Telefon: 29005 und 20980.

Die Straße nach Burgás geht weiter über Nova Sagóra in Richtung **Sliven** ("Zusammenfluß"). Die mit ihren 115 000 Einwohnern achtgrößte Stadt Bulgariens verdankt ihren Namen dem Umstand, daß etliche kleinere Flüsse hier ineinander münden.

Elf Kilometer vor der Stadt liegen die 45 Grad Celsius heißen **Mineralquellen** von Sliven. Das Wasser wird zur Behandlung von Rheuma, Frauenleiden und Anämie wie auch bei Leber-, Nieren- und Gallenerkrankungen empfohlen.

Schon ab dem 12. Jahrhundert erlebte Sliven eine rasche wirtschaftliche und kulturelle Entwicklung. Hier wurde 1834 die erste Textilfabrik Bulgariens gebaut, die zugleich die erste auf der Balkanhalbinsel überhaupt war. Überdies war Sliven das Zentrum der **Heiduckenbewegung** und wurde auch "die Stadt der hundert Wojwoden" genannt.

Heute ist Sliven Ausgangspunkt für Wanderungen in den **Nationalpark Sinite Kamani** ("Blaue Steine"); Fußmüden steht auch eine Schwebebahn zur Verfügung. In den Höhenlagen des Nationalparks befindet sich die reizvolle Feriengegend **Karandíla** mit Erholungsheimen, Hotels und Sportanlagen. An Sehenswürdigkeiten hat Sliven das **Historische Museum**, die **Kunstgalerie**, das **Heimatmuseum** und die **Wojwoden- und Künstlerhäuser** vorzuweisen.

Das **Hotel "Sliven"**, das zwei Sterne für sich verzeichnen kann, hält auf 16 Etagen 16 Appartements, 17 Einzel- und 221 Doppelzimmer für seine Gäste bereit, Telefon: 27065, Telex: 86577.

20 Kilometer südlich liegt **Jambol** ("Dianastadt") an der Tundsha, eine Stadt mit fast 100 000 Einwohnern. In der Römerzeit hieß es Dianepolis, ab dem 12. Jahrhundert war es als Anex Oboli bekannt. Im 14. Jahrhundert erhielt es den slawischen Namen Dabílino und später den türkischen Ineboli, aus dem schließlich im Jahre 1479 Jambol wurde.

Der **Stadtbasar**, eine überdachte Markthalle aus dem 16. Jahrhundert, die alte **Moschee** aus dem 15. Jahrhundert mit ihrem eckigen Minarett und die **Kirche Swetí Geórgi** aus dem Jahre 1737 lohnen einen Besuch, ebenso die acht Kilometer nordwestlich ruhenden Überreste der **thrakischen Stadt Kabylé** aus dem ersten Jahrhundert vor Christus.

Auf zwölf Etagen bietet das **Hotel "Tundsha"** sechs Appartements, neun Einzel- und 122 Doppelzimmer, Telefon: 24433 und 31102, Telex: 84511.

70 Kilometer nördlich von Sliven, im Herzen des Balkangebirges, liegt die Stadt **Kotel** ("Talkessel") mit ihren 8000 Einwohnern. Während der Wiedergeburtszeit war sie ein Zentrum der Aufklärung. Über 30 Häuser stehen unter Denkmalschutz und sind heute Museen, so die Häuser von bekannten Geistlichen und Freiheitskämpfern, von Doktor Petar Berón (1800 bis 1871) und von Geórgi Rakówski (1821 bis 1867). Aufmerksamkeit verdienen daneben das **Historische Museum**, das **Museum der Wiedergeburt** und das **Pantheon zum Gedenken an Rakówski**, wie auch die **Kirchen Swetí Apostóli Peter i Pavel** (Peter-und-Paulskirche) von 1834 und **Swetá Troiza** (Dreifaltigkeitskirche) von 1871.

Das **Hotel "Kotel"** liegt im Stadtpark und ist mit zwei Sternen versehen, Telefon: 2865 und 2877, Telex: 86434.

Das malerische Dorf **Sheravna** ("Kranichsdorf") bei Kotel zählt 600 Einwohner und ist der Geburtsort des Schriftstellers **Jordan Jowkov** (1880 bis 1937). Es wird wegen seiner mit

Kopfstein gepflasterten Gassen, lauschigen Innenhöfe und der weinumrankten Holzhäuser von vielen Touristen besucht.

Die Straße südlich von Sliven geht über **Karnobat**, eine öde Provinzstadt, die kein Verweilen lohnt, nach **Aitos** ("Adlerstadt"), wo Mineralquellen mit einer Wassertemperatur von 18 Grad Celsius sprudeln.

31 Kilometer südöstlich liegt die Hafenstadt **Burgás**. Der Name der Stadt geht vermutlich auf das griechische Wort "pirgos", zu deutsch: "Hafenstadt", zurück. Burgás ist mit seinen 200 000 Einwohnern nicht nur die viertgrößte Stadt Bulgariens, sondern auch der größte Überseehafen des Landes, der mit allen Schwarzmeerländern in Verbindung steht. Im 6. Jahrhundert vor Christus wurde hier die erste Siedlung gegründet. Heute ist die Stadt Regionshauptstadt, ein Kultur- und Wissenschaftszentrum und hat zwei Hochschulen. Bekannt sind die Oper, das Theater, das Sinfonieorchester und die Kunstgalerie. Burgás hat einen internationalen Flughafen und ist touristisch voll erschlossen.

15 Kilometer nordwestlich liegen die **Burgáser Mineralbäder**, die auch wegen des **Heilschlammes** besucht werden; die Temperatur des Mineralwassers liegt bei 41 Grad Celsius. Hier werden vor allem Erkrankungen des Stütz- und Bewegungsapparates und des peripheren Nervensystems, Frauenleiden, Wirbelsäulenschäden, wie auch urologische, Stoffwechsel-, Magen-, Darm- und Gallenkrankheiten behandelt. Kurhäuser, Ambulatorium und Erhohlungsheime befinden sich am Ort.

Sehenswert sind das **Historische Museum** in der Slawjánska-Straße 69 und die **Kirche Swetí Kyrill i Methód**, vom Architekten Ricardo Toscani in den Jahren 1894 und 1895 erbaut.

Das beste **Hotel** der Stadt ist das Drei-Sterne-Haus **"Balgária"** in der Alexandróvskastr. 21; es bietet auf seinen 16 Etagen vier Appartements, 28 Einzel- und 163 Doppelzimmer, Telefon: 42820, Telex: 83555, Fax: 47291. Das direkt neben einem Sportplatz gelegene **"Primorez"** verfügt über vier Appartements, 25 Einzel- und 93 Doppelzimmer, Telefon: 43137 und 44117. Das neue Drei-Sterne-Hotel **"Kosmos"** liegt in der Stefan-Stambolov-Straße und ist unter den Telefonnummern

25901 und 35890 sowie unter dem Telexanschluß 83391 und dem Faxanschluß 35830 erreichbar.

Burgás - Achtópol (74 Kilometer)

Südlich von Burgás ist die Küste mit ihren vielen kleinen Buchten und wunderschönen Stränden besonders malerisch und reizvoll.

Sosópol liegt 34 Kilometer von Burgás entfernt an der Schwarzmeerküste. Es zählt 5000 Einwohner, und die ganze Stadt ist ein Museum. Sosópol war die Stadt des griechischen Gottes Apoll und wurde im siebten Jahrhundert vor Christus unter dem Namen Apollónia Pontika gegründet. Seit dem fünften Jahrhundert trägt die Stadt ihren heutigen Namen, der übersetzt "Stadt der Rettung" bedeutet; seit 814 ist sie bulgarisch.

Sosópol ist Hafenstadt, Fischerort und Seebad. Die durchschnittliche Lufttemperatur liegt bei 20 Grad Celsius. Die vielen Erholungsheime, Campingplätze und Gaststätten lassen bei den Touristen keine Wünsche offen. Besuchen sollte man das **Archäologische Museum**, die **Kirche Swetá Bogoródiza** aus dem 18. Jahrhundert, die **Kapelle Swetí Sosim** aus dem 19. Jahrhundert und die wunderschönen **alten Fischerhäuser**. Drei Kilometer südlich liegt das **Motel "Kawázi"** ("Pappeln"), dessen zwei Sterne eine behagliche Unterbringung garantieren.

Zehn Kilometer südlich von Sosópol erstreckt sich die **Feriensiedlung Djuni**, die aus kleinen Ferienhäusern mit insgesamt 2300 Betten, Restaurants und Unterhaltungslokalen besteht. Das Seebad liegt an der berühmten **Zugvogelstraße Via Pontika**. Hier sind alle Bedingungen für einen schönen Urlaub gegeben.

Nicht weit von Djuni fließt der **Fluß Ropotámo**; das Gebiet um die Flußmündung ist ein **Naturschutzpark**. Der Auenwald ist malerisch, die Landschaft mit kleinen Sümpfen und Felsenbildungen sehr idyllisch. Zarte Seerosen bedecken die weiten Wasserflächen. Die sogenannte **Schlangeninsel** wird von seltenen Wasservögeln bewohnt und ist mit Kakteen bewachsen.

Primorsko ist ein kleines Seestädtchen mit 2000 Einwohnern, das vor allem von jüngeren Touristen und Familien mit Kindern besucht wird, die in den speziell für Jüngere angelegten Touristen-Komplexen von Primorsko oder im **Vorort Kiten** in Privathäusern oder auf Campingplätzen ihr Quartier beziehen können.

15 Kilometer weiter südlich liegt die 5000-Seelen-Stadt **Zarevo** ("Zarenstädtchen"), früher unter dem Namen Mitschurin bekannt. Im 12. Jahrhundert hieß sie Vassilíno; durch einen großen Brand wurde die Stadt 1880 fast völlig vernichtet. Das neu aufgebaute Zarevo ist ein **Seebad**; das Meer ist hier sehr ruhig und seicht. Die Touristen können entweder in Privatquartieren wohnen oder auf den Campingplätzen zelten. Sehenswert, wenngleich nicht sehr alt, sind die beiden **Kirchen** des Ortes: **Swetá Troiza** (Heilige Dreieinigkeit) aus dem Jahre 1810 und **Swetí Zar Boris** (Heiliger Zar Boris) von 1930.

Am südlichen Ende der Schwarzmeerküste liegt, 15 Kilometer von Zarevo entfernt, die Stadt **Achtópol**, eigentlich Agatópol ("Stadt des Glücks"). Achtópol zählt nur 700 Einwohner und liegt auf einer Felsenhalbinsel. Die **Kirche Swetó Wassénije Christovo** (Heiliger Christi Himmelfahrt) wurde 1776 erbaut und ist mit wertvollen Wandmalereien verziert. Der **Sandstrand** ist über zwei Kilometer lang. Fünf Kilometer südlich verläuft der **Fluß Weleka**, dessen Uferlandschaft voller Reize ist.

Burgás - Obsór (108 Kilometer)

22 Kilometer nordöstlich von Burgás liegt **Pomorie** ("Meeresstädtchen"). Es zählt 15 000 Einwohner und liegt auf einer schmalen Felsenhalbinsel. Pomorie ist das größte Heilschlammbad Bulgariens; der Schlamm stammt aus dem Pomorie-Küstensee, hat eine rote Färbung und eine besonders feine Struktur. Zu Therapiezwecken wird hier auch eine Lauge benutzt, die bei der Salzgewinnung in den Salinen übrigbleibt. Der Heilschlamm wirkt lindernd bei Rheuma, Frauenkrankheiten, Erkrankungen der Geschlechtsorgane des Mannes und Hauterkrankungen. Pomórie verfügt über viele Sanatorien, Erholungsheime und Privatquartiere.

Überdies locken das **thrakische Grabmal** aus dem dritten bis vierten Jahrhundert und das **Jaworovdenkmal** an den Jaworovfelsen viele Besucher an. Das **Hotel "Pomórie"** kann sich mit drei Sternen schmücken und bietet seinen Gästen 18 Einzel- und 93 Doppelzimmer, Telefon: 2440.

21 Kilometer nordöstlich von Pomórie liegt **Nessébar** am Fluß Acheloi. Die Stadt steht auf einer kleinen Felsenhalbinsel, die durch eine Landenge mit dem Festland verbunden ist. Sie besteht schon seit über 3000 Jahren und ist damit eine der ältesten Städte Europas. Die Thraker nannten sie im zweiten Jahrhundert vor Christus Mesámbria. Im sechsten Jahrhundert benannten sie die Hellenen Mesemvria, und sie entwickelte sich zu einem Stadtstaat mit eigenen Münzen. Seit 812 ist die Stadt bulgarisch. Nessébar hatte seine große kulturelle und wirtschaftliche Blüte im 14. Jahrhundert, zur Zeit des Zaren Iván Alexánder (1331 bis 1371). Nach der osmanischen Eroberung begann die Stadt zu verfallen. Heute steht sie unter Denkmalschutz.

Nördlich und südlich von Nessébar erstrecken sich feinkörnige Sandstrände. Fast alle Häuser sind in dem typischen bulgarischen Schwarzmeerstil gebaut: Das Erdgeschoß ist aus Stein und die obere Etage aus Holz. In Nessébar befinden sich Überreste von über 30 hellenischen und römischen Kirchen. Die alte **Metropolitankirche** etwa stammt aus dem fünften Jahrhundert, acht andere Kirchen aus dem 10. bis 14. Jahrhundert. Sehenswert sind auch das **Archäologische** und das **Ethnographische Museum**. Die **Kirchen** tragen die Namen der Heiligen Stefan, Todor, Gawrail und Michail, Johannes Aliturgetos, Johannes des Täufers, Paraskéva und anderer.

Die **Pantokratorkirche** ist eine Kreuzkuppelkirche mit überaus reich verzierten Außenmauern. Sie gehört mit der **Johannes-Aliturgetos-Kirche** zu den Höhepunkten der mittelalterlichen Baukunst Bulgariens.

Sonnenstrand, das Kinderparadies, liegt 36 Kilometer nordöstlich von Burgás und hat über 100 Zwei- und Dreisternehotels mit insgesamt 29 000 Betten. Es ist das Zentrum des Tourismus in Bulgarien und daher in jeder Hinsicht voll erschlossen. Den Gästen dieser Touristenhochburg wird zwar allerhand geboten, doch sollte man sich im klaren darüber sein, daß das Unterhaltungsprogramm und das Nachtleben nichts mehr mit bulgarischer Tradition und bulgarischen Eigenheiten zu tun haben.

Das Seebad **Slantschev Brjag** ("Sonnige Küste") besteht seit 1960. Die **Unterhaltungslokale** in Sonnenstrand sind das **"Strandshanski kolíbi"** mit Folkloreprogramm und Spezialitäten wie Frikadellen mit Schnittkäse und Lammfleisch mit Füllung, das **"Wjatarna melniza"** ("Windmühle"), das Müllerspezialitäten und ein Folkloreprogramm anbietet, und das **"Batschwata"** ("Faß"), das mit Spezialitäten der bulgarischen Bauernküche und Volksmusik aufwartet. Auch das **"Tschutschúra"** ("Brunnen") mit Kawarmakebap und andere Leckereien und das **"Ribárska hisha"** ("Fischerhütte") mit Fischspezialitäten zu Volksmusik bieten ihren Gästen schmackhafte Kost und volkstümliche Unterhaltung.

Mit den verschiedenartigsten modernen Showprogrammen kann man sich in folgenden Nachtklubs vergnügen: Im **"Delphin"** mit Liedern und Tänzen, in der **"Fregatte"** mit Seemannsliedern und -tänzen, im **"Piratenschiff"** zum Beispiel mit dem Cocktail "Seeräuberblut", im **"Oasis"** mit orientalischer Musik, im **"Jushni noschti"** ("Südliche Nächte") mit temperamentvollen orientalischen und Zigeunertänzen, im **"Hanska schatra"** ("Khans Zelt") mit einem originellen Varietéprogramm im Nachbau einer Khanhütte oder schließlich im **"Sonnenstrand"**, der besten und größten Varietebar an der bulgarischen Küste.

Die **Drei-Sterne-Hotels** "Burgás", Telefon: 2358 und 2721, "Globus", Telefon: 2245 und "Kuban", Telefon: 2309, und das **Zwei-Sterne-Hotel** "Diamánt", Telefon: 2457, sind **ganzjährig** geöffnet. Alle übrigen der 93 Hotels sind nur während der Saison von Mai bis Oktober in Betrieb. Das "Glarus" Telefon: 2744, das "Pomórie", Telefon: 2756 und 2117, und das "Satúrn", Telefon: 2757, sind die einzigen der Saisonhotels, die über drei Sterne verfügen.

Ein paar Kilometer nordöstlich von Sonnenstrand, nicht weit entfernt vom Dorf Vlas, liegt das **Seebad Elenite** ("Hirsche"). Dort befindet sich das **Hotel "Emona"** mit 96 Betten und eine **Feriensiedlung**, bestehend aus 224 komfortablen Häusern, die zwei- und dreistöckig sind und sich wie eine Art Amphitheater an die Hänge des Balkangebirges schmiegen. Das ganze Seebad ist mit drei Sternen ausgezeichnet und bietet hervorragende Möglichkeiten für Urlaub und Sport.

Nicht weit von dort liegt **Kap Eminé**, der östlichste Punkt der Stara Planiná. Auf einer Anhöhe erhebt sich ein alter **Leuchtturm**, und in der Nähe, im **Dorf Emona**, stand einmal der Tempel von Resos, dem thrakischen König, der am Trojanischen Krieg teilnahm.

Obsór an der Dwójniza ("Übersicht" am Fluß "Doppelgänger") zählt 2000 Bewohner und liegt 75 Kilometer nordöstlich von Burgás. Die Hellenen nannten die Siedlung Heliopolis, Sonnenstadt, und die Römer bauten hier einen Tempel zu Ehren Jupiters. Heute ist Obsór ein **Seebad** mit Privatquartieren und einem Motel.

Obsór - Varna (56 Kilometer)

Sechs Kilometer nördlich von Obsór liegt **Bjala** ("Weißstadt"). Der Ferienort liegt drei Kilometer von der Küste entfernt. Die erste Siedlung entstand hier im vierten Jahrhundert vor Christus, später war es eine römische Festung. Als im 14. Jahrhundert Dobrótiza, der Feudalherr der Dobrudsha, selbständiger Herrscher wurde, ließ er hier einen Hafen bauen. In Bjala leben 4000 Menschen; für Gäste stehen ausreichend Privatquartiere und Erholungsheime zur Verfügung.

Die Kamtschija-Mündung liegt 35 Kilometer nördlicher. Dort, 30 Kilometer nördlich von Varna, erstreckt sich das **Naturschutzgebiet Kamtschija**. Hier sind zudem die Überreste einer römischen Siedlung zu besichtigen. Die Griechen nannten den Kamtschija-Fluß Panisos, die Slawen Titscha ("Laufend"). Die Kamtschija-Mündung ist sehr malerisch, der Ort Kamtschija liegt direkt an der Mündung.

Das **Hotel "Kamtschija"** hat zwei Sterne, Telefon: 229665, ebenso wie das **"Longos"**, Telefon: 221665.

30 Kilometer nördlich von Kamtschija und 134 Kilometer von Burgás entfernt liegt **Varna** am Schwarzen Meer, die Hauptstadt der Region Varna. Der Name bedeutet vermutlich "Kalkfelsen".

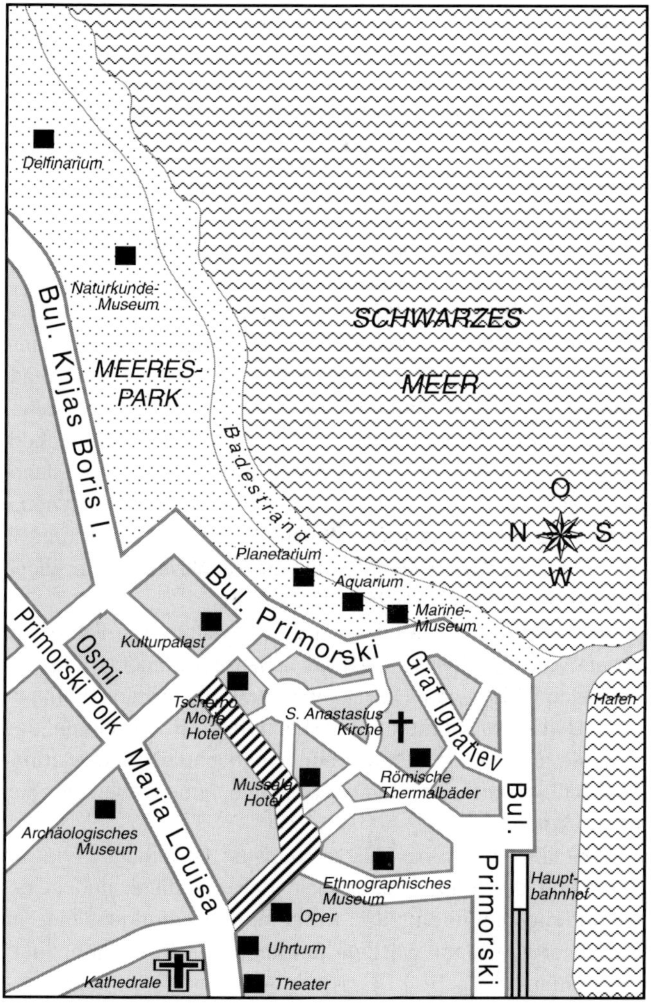

Varna, Zentrum

Varna ist die drittgrößte Stadt Bulgariens und zählt 340 000 Einwohner. Die ausgezeichneten Natur- und Klimabedingungen zogen bereits im vierten Jahrtausend vor Christus Menschen hierher. In einer Höhle bei Belossláv und in der Gegend Pobítite Kamani wurden Spuren dieser Urbewohner entdeckt. Aus dem letzten Drittel des vierten Jahrtausends vor Christus stammt der **älteste Goldschatz der Welt**, der in der Nekropole am Westrand der Hafenstadt Varna gefunden wurde. Er besteht aus über 2000 einzelnen Gegenständen, die zusammen mehr als fünfeinhalb Kilogramm Gold von 23,5 Karat ausmachen. Aus dem zweiten Jahrtausend vor Christus sind die Überreste von zwölf **thrakischen Pfahlsiedlungen** erhalten geblieben.

Im Jahre 570 vor Christus gründeten hier Kolonisten aus der Stadt Milet zur Zeit des mykenischen Königs Astiag die Stadt Odessos ("Stadt am Wasser"), die vom persischen König Darius, der gegen die Skythen kämpfte, erobert wurde. Im fünften Jahrhundert vor Christus gliederten die Ordryssen die Stadt Odessos in ihren Staat, Thrakien, ein. Im Laufe seiner Geschichte wurde Varna von zahlreichen Kriegsherren erobert, die aber wohl berühmteste Schlacht um Varna fand im Jahre 1444 statt, als die vereinigten polnischen und magyarischen - also ungarischen - Truppen gegen die des Sultans Murad II. kämpften. Bei diesen Kämpfen fiel am 10. November der junge **polnische König Wladislaw III. Jagiello**.

Heute ist Varna eine bedeutende Hafenstadt. Die Fähre zwischen Varna und Ilitschovsk bei Odessa verbindet Bulgarien über eine Distanz von 440 Kilometern mit der Ukraine. Varna ist eine Universitätsstadt mit Hochschulen für Ökonomie und Medizin und einer technischen Hochschule. Eine Marinehochschule und eine Hotel-Fachschule haben ebenfalls hier ihren Standort.

Mehr als eine halbe Million Touristen besuchen Varna pro Saison. In der Stadt gibt es viele Privatquartiere, und in der Umgebung befinden sich zahlreiche Erholungsheime; im Wohnviertel Galata werden überdies private Ferienhäuser angeboten.

Varna ist die Schwarzmeerhauptstadt Bulgariens. Hier wird ein reges Sportleben geboten; fast jeden Monat finden Wassersportwettbewerbe, Meeresexpeditionen, Ausflüge und Exkursionen statt. In Varna wurde der größte **Kulturpalast** Bulgariens errichtet. Jedes Jahr im Juli wird das **Internationale Musikfestival Varnaer Sommer** veranstaltet, an dem weltbekannte Opern-, Sinfonie-, Ballett- und Kammermusikensembles teilnehmen. Alle zwei Jahre wird zudem ein **Internationaler Ballettwettbewerb** durchgeführt.

An Museen kann die Stadt mit dem **Historischen Museum**, dem **Archäologischen Museum**, dem **Museum der Nationalen Wiedergeburt**, dem **Ethnographischen Museum** und dem **Museum "Mensch und Gesundheit"** aufwarten.

Zu den Kulturdenkmälern gehören das **Mausoleum** des polnischen Königs Wladislaw III. Jagiello, die aus dem zweiten Jahrhundert stammenden **römischen Thermen**, die ein Areal von 7000 Quadratmetern bedecken, sowie die **Überreste eines römischen Bades**. Durch ihre Architektur beeindruckt die Kathedrale **Swetá Bogoródiza** im Zentrum, die 1866 nach den Entwürfen für eine Sankt Petersburger Kirche erbaut worden ist; im selben Jahr wurde auch die Kreuzkuppelbasilika **Swetí Nikóla** errichtet.

18 Kilometer westlich von Varna liegt **Pobitite Kamani**, eine Gegend, die an einen steinernen Wald gemahnt. In der Nähe befindet sich das Felsenkloster Skalen Manastír, bekannt unter dem Namen **Aládsha Kloster** (Buntes Kloster). Es wurde im fünften Jahrhundert in den Felsenhöhlen errichtet, hieß damals Swetá Troiza und bestand bis zum 18. Jahrhundert.

In Varna gibt es viel zu besichtigen: Das **Archäologische Museum** am Boulevard Osmi Primórski polk 41, Telefon: 21241, täglich außer montags geöffnet von 10 bis 18 Uhr, das **Meeresmuseum** am Boulevard Primórski 2, Telefon: 222655, geöffnet jeden Tag von 8 bis 17 Uhr, das **Aquarium** am Primórski Boulevard 4 im Meeresgarten, jeden Tag von 8 bis 20 Uhr geöffnet, das **Naturkundemuseum** im Meeresgarten, Telefon: 228194, geöffnet 10 bis 17 Uhr außer montags, das **Museum der Wiedergeburt** in der Straße des 27. Juli Nummer 9, Telefon: 223585, geöffnet von 10 bis 17 Uhr außer montags, das **Ethnographische Museum** in der Panagjúrischte Straße 22, Telefon: 220098, geöffnet von 10 bis 17 Uhr außer montags, das **Museum der neuen Geschichte** in der Osmi Noémvri Straße 3, Telefon: 230423, geöffnet von 10 bis 17 Uhr außer montags und das **Museum für die Geschichte der Medizin** in der Paraskéva-Nikoláu-Straße 7, Telefon: 241015, geöffnet von 10 bis 16 Uhr außer samstags und sonntags.

Auch Sakralbauten sind in Varna in großer Zahl erbaut worden. Die Kathedrale **Swetá Bogoródiza** (Heilige Gottesmutter) ist jeden Tag von 7 bis 18 Uhr geöffnet, Gottesdienste sind um 8 und um 17 Uhr. Die Kirche **Swetí Nikóla** liegt in der Knjas-Boris I.-Straße 35 und ist von 7 bis 12 und von 13 bis 18 Uhr geöffnet. **Swetí Atanás** liegt in der Graf-Ignátiev-Straße 19, **Swetá Petka** in der General-Kolev-Straße 28, **Swetá Bogoródiza** in der Khan-Krum-Straße 19 und **Swetá Paraskéva** in der Osmi-Noémvri-Straße 12.

Liebhaber der Malerei werden sicher die **Gemäldegalerie** in der Ljuben-Karawelov-Straße 1 besuchen, die täglich außer montags von 10 bis 19 Uhr geöffnet ist, Telefon: 243121 und 243141. Daneben stellen über zehn meist private Gemäldegalerien Werke alter und neuer Meister aus.

Fünf Kilometer nordöstlich von Varna befindet sich das **Schloß Euxinograd** ("Gastfreundliche Stadt"), die Residenz des Zaren Boris III.. Das 1882 im Wiener Stil erbaute Schloß mit seinem herrlichen Interieur lohnt den Besuch, zumal man sich nach der Besichtigung im **hauseigenen Restaurant** stärken kann, Telefon: 861247 - 730 für den Rundgang und - 223 für Restaurantreservierungen.

Der Steinwald **Pobitite Kamani** ist täglich von 10 bis 17 Uhr geöffnet. Mit der Buslinie 24, ab der Haltestelle beim Mazedonienhaus, gelangt man mühelos dorthin.

Für die Besucher Varnas stehen folgende **Hotels** bereit: Das **"Tscherno More"** liegt im Stadtzentrum, hat drei Sterne und bietet auf 14 Etagen zwei Appartements, 14 Einzel- und 186 Doppelzimmer, Telefon: 220167 und 235066. Das **"Odessa"** gegenüber dem Meerespark hat zwei Sterne und hält drei Appartements, 13 Einzel- und 81 Doppelzimmer bereit, Telefon: 225312.

Wichtige Adressen und Informationen:

Verkehrspolizei, Paríshka-Komúna-Straße 30, Telefon: 225123
Zollamt - Verwaltung, Slawéjkowplatz
Zollamt am Flughafen, Telefon: 441851
Zollamt am Meereshafen, Telefon: 226329
Zollamt bei der Handelsflotte, Telefon: 222370
Hauptbahnhof - Information, Telefon: 222551, 222552 und 222553, geöffnet von 5 Uhr 30 bis 23 Uhr

Büro für Schlafwagen-Reservierungen, Straße des 27. Juli Nummer 13, Telefon: 227036, geöffnet von 8 bis 12 und von 13 bis 17 Uhr, samstags von 8 bis 13 Uhr, sonntags geschlossen
Verkauf von überregionalen Zugfahrkarten, Schipka-Straße 3, Telefon: 226288, geöffnet von 8 bis 16 Uhr 30, samstags von 8 bis 13 Uhr, sonntags geschlossen
Busbahnhof Auskunft, Wladislaw-Varnentschik-Boulevard, Telefon: 448349
Meereshafen - Auskunft, Telefon: 222326
Büros für Privatquartiere:
Büro 1, Mussalástraße 3, Telefon: 225524
Büro 2, am Bahnhofplatz, Telefon: 222206
Büro 3, Generál-Kolev-Straße 5, Telefon: 225630
Büro Zimmernachweis für Ausländer, Swetí Klimentin Straße 1A
Autoservice, Wladislaw-Varnentschik-Boulevard 262 und 184
Varnaer Oper, Nesawissimost Platz 2, Telefon: 223388
Radio Varna sendet in vier Sprachen: Englisch, Deutsch, Russisch, Französisch
Varna hat 30 staatliche und 10 Privatapotheken, acht Banken und 16 Privatwechselstuben sowie elf Geschäfte, die non stop geöffnet sind.

Neun Kilometer nordöstlich von Varna liegt das **Seebad Swetí Konstantín i Elena** (Heilige Konstantin und Helena), früher **Drushba** genannt. Im Zentrum des Seebades, das zugleich ein Kurort ist, befindet sich das gleichnamige **Kloster**, das im 14. oder 15. Jahrhundert gegründet wurde.

Konstantín i Elena ist das erste Seebad Bulgariens und wurde in den fünfziger Jahren errichtet. Das Angebot an Wassersportaktivitäten und anderen Sportmöglichkeiten ist reichhaltig.

Das hiesige **Mineralwasser** wirkt heilend auf Funktionsstörungen der innersekretorischen Drüsen, auf funktionelle Erkrankungen des zentralen Nervensystems, auf Störungen der Atemwege und des Stütz- und Bewegungsapparates.

Das mit fünf Sternen beste Hotel am Platz ist das **"Grand Hotel Varna"**; es bietet neben luxuriöser Unterkunft auch ausgezeichnete Möglichkeiten für Kurprogramme. Das Hotel verfügt über 36 Appartements und 288 Doppelzimmer, Telefon: 861491. Neben therapeutischen Einrichtungen bietet das Hotel ein Spielkasino und eine Nachtbar, Bowlingbahnen und mehrere Restaurants.

Das **"Tschaika"** hat drei Sterne, Telefon: 861331 und 861332. Die anderen Hotels des Seebades haben zwei Sterne: "Bor", Telefon: 861250, "Lebed", Telefon: 861071 (nur in der Saison geöffnet), "Gloria", Telefon: 861201, "Korál", Telefon: 861308, "Prostór", Telefon: 861171 und "Rubín", Telefon: 861020.

Außerdem liegt im Seebad Swetí Konstantín i Elena der Ferienort **"Sunny day"**, der aus vier Hotels besteht: Dem Fünf-Sterne-Hotel "Paláce" mit Präsidentenappartement und einigen Zweizimmerappartements, dem Vier-Sterne-Hotel "Marína" mit Kur- und Konferenzzentrum, dem Drei-Sterne-Hotel "Mirágе" und dem Zwei-Sterne-Hotel "Verónika".

Vor dem Umbruch im Jahre 1989 war "Sunny day" eine Sommerresidenz der kommunistischen Führungselite. Telefon: 861971, -72, -73, -74, und -75, Telex: 77617, Fax: 861315.

16 Kilometer nördlich von Varna liegt der **Riviera Ferienclub**, ein echtes Touristenparadies. Dieser jüngste Ferienclub der bulgarischen Schwarzmeerküste verfügt über sechs Hotels mit zwei, drei, vier beziehungsweise fünf Sternen und fünf Restaurants. In ihnen werden verschiedene Gerichte der bulgarischen und europäischen Küche angeboten; die Nachtbar und die Diskothek versprechen unterhaltsame Abende.

Im Meer sind alle Wassersportarten möglich, und an der Küste kann man Tennis, Volleyball und Bowling spielen.

Telefon: 855215, 855216, 855774 und 855445, Telex: 77291, Fax: 855101.

Das Fünf-Sterne-Hotel **"Imperial"** hat 41 Appartements, darunter ein Präsidentenappartement, und 13 Zimmer, insgesamt 135 Betten auf fünf Etagen, alle Räume sind klimatisiert. Eine Nachtbar und eine Diskothek garantieren auch in den Abendstunden Unterhaltung.

Goldstrand (Slatni Pijassazi) liegt 17 Kilometer nordöstlich von Varna. Eine Autobahn, aber auch einige bequeme Linienbusse wie etwa die Buslinie 9 vom Mazedonienhaus, führen von Varna aus dorthin. Der Strand ist vier Kilometer lang und 80 bis 100 Meter breit.

Die **Hotels** sind in einem natürlichen Wald gelegen, wo auch Mineralquellen sprudeln.

Das Seebad, 1965 errichtet, verfügt über **64 Zwei- und Drei-Sterne-Hotels, zehn Drei- und Vier-Sterne-Ferienhäuser der Luxusklasse und 30 Zwei- und Drei-Sterne-Ferienhäuser**. Der **Campingplatz "Panoráma"** bietet zudem weitere 200 Plätze an. Goldstrand verfügt über 30 Restaurants, 30 Hotelbars, zehn Cafés, 70 Geschäfte, Stände und Pavillons, 15 Folklore- und Unterhaltungsgaststätten und vier Restaurants mit ausländischer Küche: Das **indische Restaurant**, die griechische Taverne **"Dionyssos"**, das englische Restaurant **"Zum goldenen Löwen"** und die **italienische Pizzeria**.

Zu den bekanntesten **Unterhaltungslokalen** zählt das **"Balgárska Swatba"** ("Bulgarische Hochzeit"), wo ständig ein Unterhaltungsprogramm geboten wird. Weitere beliebte Lokale sind das **"Wodenízata"** ("Mühle") mit seiner Spezialität Kebap auf Müllerart und hausgemachter Wurst, das **"Koschárata"** ("Schäferhütte"), dessen Spezialitäten Lammfleisch mit Füllung, Schaschlik und Käsestrudel sind, das **"Trifon Saresán"** mit Folkloreprogramm und Kebap auf Winzerart und das **"Karakatschánski Stan"**, wo ein Folkloreprogramm angeboten wird. Sehr gut besucht sind auch das **"Metscha poljána"** ("Bärenwiese"), eine Volksstilgaststätte mit Folklore- und Showprogramm, und das **"Russka trojka"**, eine Gaststätte im russischen Stil mit russischen Tänzen und Liedern. Exotische Atmosphäre herrscht im **"Zigeunertabor"** ("Zigeunerlager"), wo man in Zigeunerhütten und auf Pferdewagen im Wald Romantik und Tänze genießen kann.

Das beste **Hotel** ist das **"International"** mit seinen vier Sternen, Telefon: 8556-11 bis -19, Telex: 77584. Auch als Kongreßhotel für Sitzungen, Symposien und Geschäftstreffen wird es bevorzugt.

Folgende **Drei-Sterne-Hotels** stehen in Goldstrand: "Ambassadór", Telefon: 855431, "Presláv", Telefon: 855810/ 15, "Rodína", Telefon: 855252, "Schipka", Telefon: 855432 und "Sofia", Telefon: 855791/ 93

Ganzjährig geöffnete **Zwei-Sterne-Hotels** sind das: "Berlín", Telefon: 855113, "Gladióla", Telefon: 855271, "Glarus", Telefon: 855000, "Isgrew", Telefon: 855121, "Kamtschija", Telefon:

855791/93, "Lilija", Telefon: 855560, "Morska swesdá", Telefon: 855144, "Morsko okó", Telefon: 855364, "Moskwá", Telefon: 855661/65, "Obsór", Telefon: 855131, "Palma", Telefon: 855148 und "Slatna kotwa", Telefon: 855401/04,

Zwei Sterne haben darüberhinaus weitere 44 Hotels, die allerdings nicht das ganze Jahr, sondern nur während der Saison, von Mai bis Oktober, geöffnet sind. **Ferienhäuser** kann man unter der Telefonnummer 855359 reservieren lassen, **Luxusferienhäuser** neben dem Hotel "Morsko okó" unter der Telefonnummer 855472.

In Goldstrand gibt es Tourismus-Büros, eine Apotheke, ein Postamt, eine Autowerkstatt, eine Tankstelle auch mit bleifreiem Benzin, eine Poliklinik und einen Mietwagendienst. **Kurhotels** sind das **"International"** und das **"Ambassadór"**. Es werden über 60 Heilverfahren praktiziert, die bei Touristen sehr geschätzt sind.

Nördlich von Goldstrand liegt das Feriendorf **Kranevo** ("Quellen"). Dort befinden sich moderne Häuser, von denen viele als Privatquartiere und -gaststätten genutzt werden. Der Strand ist schön und äußerst sauber.

Vier Kilometer weiter öffnet sich dem Blick das gastfreundliche **Albéna**. Von Kranevo bis zum Donaudelta erstreckt sich nördlich die Hochebene **Dobrudsha**, im 14. Jahrhundert selbständiges Fürstentum. Man vermutet, daß es den Namen seines ersten Fürsten Dobrotiza trägt, möglicherweise bedeutet sein Name aber auch "Eichendickicht" oder "Eichenwald".

Der Schriftsteller und Dramatiker Jordán Jovkov, der die Stadt Albéna in seinem Werk verewigt hat, war lange Jahre in dieser Region als Lehrer tätig. Viele Hotels in Albéna tragen Frauennamen, meist von Literaturheldinnen aus seinen Werken, oder von Schriftstellern der Nationalen Wiedergeburt.

Das Seebad existiert seit 1969; es ist in einem architektonisch einzigartigen Stil erbaut worden. Der Architekt Nikolai Nenov und seine Mitarbeiter erhielten für diesen Entwurf den Nationalpreis für Architektur. An den Gebäuden finden sich Details, die jenen der alten bulgarischen Klöster und Koprívschtiza-Häusern nachempfunden sind. 70 Prozent der Zimmer haben Meerblick, die anderen den Blick zum nahegelegenen Naturschutzgebiet, einem alten Wald, der die Mündung des Batowa-Flusses umschlingt.

Das größte **Hotel** ist das **"Dobrudsha"** mit seinen vier Sternen, Telefon: 2020. Es ist das ganze Jahr geöffnet, ebenso die Drei-Sterne-Hotels **"Bratislawa"**, Telefon: 2270 und **"Drushba"**, Telefon: 2943. Neun weitere Drei-Sterne-Hotels und 23 Zwei-Sterne-Hotels nehmen nur von Mai bis Oktober den Betrieb auf.

Ferienhäuser kann man im Ortsbereich Ost, Telefon: 2821, im Ortsbereich West, Telefon: 2841 und im Ortsbereich Süd, Telefon: 2855, buchen. Daneben stehen noch die **Bungalows "Lux"**, Telefon: 2921, der **Campingplatz "Albéna"** mit Holz-Ferienhäusern, Telefon: 2105, und die **Ferienhaus-Siedlung "Feigengarten"**, Telefon 2269, zur Verfügung.

Sechs Kilometer lang und bis zu 120 Meter breit ist der **Strand** von Albéna. Das Seebad verfügt über eine moderne Kläranlage und strebt die blaue Flagge für ein **ökologisch reines Seebad** an, die industriellen Viertel sind mehr als 40 Kilometer vom Strand entfernt. Die Bucht ist sehr flach, und deswegen wird der Ferienort von Familien mit Kindern bevorzugt.

Albéna verfügt über 26 Restaurants, viele Cafés, Hotelbars und unzählige kleine Cafeterias direkt am Strand, in denen sich die Urlauber verwöhnen lassen können.

Unter freiem Himmel im Volksstil erbaut ist die Gaststätte **"Starobalgárski Stan"** ("Altbulgarisches Lager"), wo Wildfleisch-Spezialitäten angeboten werden. Das **"Orechi"** ("Walnußbäume") liegt in einem stillen Winkel außerhalb des Seebades und hat einen unvergleichbaren Reiz; seine Spezialität, Djuner Kebap, genießen die Gäste begleitet von einem Folkloreprogramm, Showprogramm und Nestinaritänzen auf glühenden Kohlen. **"Slawjánski Kat"** ("Slawische Gaststätte") bietet Lieder und Tänze der slawischen Völker und ein interessantes Showprogramm, köstliche Bauernspezialitäten ziehen Gäste von nah und fern an. **"Starijat dab"** ("Alte Eiche") und **"Ribarska hisha"** ("Fischerhütte") werden von allen Feinschmeckern, die die ländliche Küche der Region Dobrudsha oder Fischspezialitäten schätzen, bevorzugt.

Die **Varieté-Bar "Gorski zar"** ("Waldkönig") hat eine interessante Ausstattung und bietet ein internationales Showprogramm, die Varieté-Bar **"Dobrudsha"** im größten Hotel des Ortes lockt die Gäste mit ihrem musikalischen Programm.

Albéna bietet sehr gute Sportmöglichkeiten, im Wasser und an der Küste, sogar Motordrachenflüge über dem herrlichen Strand sind möglich. Den Abend kann man im English Pub oder im holländischen Billardsaal verbringen, Langeweile ist in Albéna unbekannt. Vom wirklichen Bulgarien werden die Touristen aber in Albéna überhaupt nichts mitbekommen, sind sie doch hier weitgehend unter sich.

Das **Kurhotel "Dobrudsha"** bietet über 120 medizinische Dienstleistungen an und ist mit 6000 Quadratmetern Fläche das größte Kurzentrum in Südosteuropa; drei Viertel der Einrichtung und der Ausstattung stammen aus Deutschland. Albéna verfügt über vier **Mineralquellen mit Heilschlamm**; im **Balneologischen Zentrum** werden Rheuma und Frauenkrankheiten behandelt. Hier werden zudem Erkrankungen des Nervensystems, des Stütz- und Bewegungsapparates, funktionelle Störungen des Nervensystems, chronische Lungen- sowie Herz- und Gefäßkrankheiten und allergische und endokrine Krankheiten geheilt.

Zehn Kilometer nördlich von Albéna liegt **Baltschík**. Die Stadt zählt 15 000 Einwohner und ist der drittgrößte Hafen Bulgariens. Die Hellenen gründeten die Stadt im sechsten Jahrhundert vor Christus und gaben ihr den Namen Krunoj ("Stadt der Quellen"). Zu Beginn unserer Zeitrechnung hatte das Meer eine Dionysosstatue an den Strand gespült, und so bekam sie den Namen Dionysópolis.

In der ersten Hälfte des 20. Jahrhunderts, als das Gebiet noch zu Rumänien gehörte, ließ die englische Prinzessin Maria, damals zugleich Königin von Rumänien, eine **Sommerresidenz** bauen. Das Schlößchen ist von einen wunderschönen Park mit über 1000 Kakteenarten umgeben und wird von Urlaubern gern besucht. Baltschík ist ein Ferienort, viele Privatquartiere bieten den Touristen angenehme Unterkunft.

Fünf Kilometer nördlich liegt das Heilschlammbad **Tuzlata**, das besonders bekannt ist durch seinen schwarzen schwefelwasserstoffhaltigen **Heilschlamm**, der speziell bei Rheuma sehr heilsam ist.

Zu den Sehenswürdigkeiten Baltschiks gehören das **Historische Museum** und die **Kunstgalerie** in der alten Kirche **Swetí Nikolai** von 1866.

Kavárna liegt 17 Kilometer weiter östlich direkt an der Küste und zählt 14 000 Einwohner. Das **Hotel "Dobrotiza"** hat zwei Sterne und verfügt über vier Appartements, drei Einzel- und 41 Doppelzimmer, Telefon: 3295.

13 Kilometer in südlicher Richtung liegt **Kap Kaliakra**, ein Felsenkap, das über 150 Meter hoch und fast zwei Kilometer lang ist. Hier wurden **Überreste von antiken Siedlungen** entdeckt, eine **römische Festung** und die **Ruinen einer bulgarischen Stadt** aus dem 14. Jahrhundert.

Die Sage erzählt, daß die Osmanen, die im Jahre 1394 die Festung lange Monate belagerten, 40 junge Mädchen dafür verlangten, daß sie die Festung verschonten. Die ausgesuchten Mädchen aber sprangen vom Felsen und opferten ihr Leben. Danach wurde die Stadt grausam zerstört.

Gelegentlich kann man hier im klaren Meereswasser **Delphine** sehen.

16 Kilometer von Kap Kaliakra entfernt liegt die **Vogelbucht**. In den 60er Jahren wurde hier die französische Feriensiedlung des Clubs Mediterranée Russalka ("Nixe") aufgebaut. Längs der Küste befinden sich zahlreiche Höhlen und kleine Buchten.

Die **Ferienhäuser** können sich mit drei Sternen schmücken und haben über 100 Betten, und auch eine **Mineralquelle** gibt es in der gepflegten Siedlung.

Sechs Kilometer nördlich von Russalka erstreckt sich die Gegend **Jailata**, mit Überresten einer versunkenen Stadt; über den malerischen Felsen liegt eine geradezu paradiesische Stille.

Zwischen Schabla und **Duránkulak** befinden sich mehrere **Campingplätze**. Beim Dorf **Krapez** ist einer der größten natürlichen Strände Bulgariens, und dort ist erstaunlicherweise bis heute noch kein Ferienort gebaut worden.

Varna - Dobritsch - Silístra

Dobritsch, die Hauptstadt der Region **Dobrudsha**, der Kornkammer Bulgariens, liegt 50 Kilometer nördlich von Varna. Es zählt 115 000 Einwohner und ist damit die neuntgrößte Stadt des Landes. Früher hieß die Stadt nach dem sowjetischen General **Tolbuchin**, heute trägt sie den landläufigen Namen des Feudalherren Dobrotiza aus dem 14. Jahrhundert.

Die Stadt entwickelte sich zum Zentrum des Handels dieses fruchtbaren Ackerbaugebietes und verfügt heute über eine pädagogische Fachschule und die **größte Gemäldegalerie Bulgariens**. Bei einem Besuch Dobritschs sollte man überdies die **Altstadt**, einen Häuserkomplex aus der Wiedergeburtszeit vom 18. bis 19. Jahrhundert, das **Jordán-Jovkov-Haus** und das **Jovkovmuseum**, das **Historische Museum**, das **Heimatmuseum der Dobrudsha** und das **Khan-Asparúch-Denkmal** in Augenschein nehmen.

Das mit vier Sternen ausgezeichnete **Hotel "Balgária"** hat acht Etagen, elf Appartements, darunter ein Präsidentenappartement, 14 Einzel- und 174 Doppelzimmer, Telefon: 28227, 25444 und 24858. Das **"Dobrudsha"** hat einen Stern weniger und bietet deutlich geringeren Komfort, Telefon: 24321. Empfehlenswerte **Volksstil-Gaststätten** sind das **"Stara Kaschta"** ("Altes Haus") und das **"Dabovete"** ("Eichen"), das drei Kilomneter westlich in einem Eichenwald liegt.

Trotz seiner Nähe zu den Touristenhochburgen an der Schwarzmeerküste ist Dobritsch touristisch kaum erschlossen, wie auch die gesamte Region Dobrudsha in dem Ruf steht, rückständig, ja "hinterwäldlerisch" zu sein.

90 Kilometer nordwestlich an der Donau liegt die zweitgrößte Stadt der Dobrudsha: **Silístra** (slawisch: " Donaustadt"). Es zählt 60 000 Einwohner und ist die östlichste Stadt Bulgariens an der **Donau**. Silístra kann auf eine lange Geschichte zurückblicken. Zuerst gründete Kaiser Trajan es im zweiten Jahrhundert als römische Festung mit dem Namen Durostorum ("Harte Festung"), dann wurde es bulgarisch und hieß Drastar.

Sehenswert sind das **Historische Museum** und die **Kunstgalerie**. Interessante Wandmalereien schmücken das freigelegte **römische Grabmal** aus dem vierten Jahrhundert.

In Silístra wurde Anfang des fünften Jahrhunderts ein legendärer Krieger, Aetius, geboren. Er stand an der Spitze der römischen, deutschen und französischen Truppen, die bei der Schlacht in den Katalaunischen Feldern die Hunnen Attilas besiegten.

15 Kilometer östlich liegt der **Srebarnasee** ("Silberner See"), der auf der UNESCO-Liste der Naturschutzgebiete steht. Hier nisten über 160 Arten von Sumpf- und Wasservögeln, darunter auch Schwäne, Krauskopfpelikane und Löffler.

Varna - Russe (200 Kilometer)

Die Eisenbahnlinie Varna - Russe war die erste, die im vorigen Jahrhundert, 1866, in Bulgarien gebaut wurde. Auch eine Autobahn zwischen beiden Städten ist geplant, bisher aber nur auf einer Strecke von 60 Kilometern von Varna aus fertiggestellt worden.

75 Kilometer von Varna entfernt liegt das kleine Städtchen **Pliska**, die älteste bulgarische Hauptstadt (681 bis 893). Die alte Stadt wurde mehrfach total zerstört, und nur die **Fundamente der Festung**, der **Kirchen** und der **königlichen Paläste** sind heute noch zu sehen.

Zehn Kilometer südlich von Pliska liegt das Dorf **Madara**, das ein nationales historisches und archäologisches Schutzgebiet ist. Es umfaßt ein **römisches Landhaus** (1. bis 6. Jahrhundert), zwei **Höhlen**, eine **spätantike Kirche** (5. bis 6. Jahrhundert), einen **Schloßkomplex** (9. bis 10. Jahrhundert) und eine **heidnische Kultstätte** (8. bis 9. Jahrhundert), ein **Felsenkloster** aus dem 12. bis 14. Jahrhundert und das Relief des **Reiters von Madara**, das im 8. Jahrhundert gefertigt worden ist. Es stellt ein einzigartiges Relikt der bulgarischen Frühgeschichte dar mit dem ersten schriftlichen Zeugnis der bulgarischen Sprache: In einer etwa 100 Meter hohen Felswand ist in 23 Meter Höhe ein Reiter mit seinem Pferd in Lebensgröße eingemeißelt. Mit seinem Speer tötet er einen Löwen, hinter dem Pferd läuft ein Hund. Die Reliefszene ist ein Symbol für einen wichtigen Sieg über Byzanz. Um den Reiter herum befinden sich einige Inschriften im Fels, die bisher aber kaum enträtselt werden konnten, weil nur noch wenig davon lesbar ist. Der Reiter von Madara steht auf der UNESCO-Liste des Weltkulturerbes. Höchstwahrscheinlich ist es ein Denkmal des Begründers des bulgarischen Staates, Khan Asparúch, oder seines Sohnes und Nachfolgers Khan Televis.

Der Besuch dieses wahrhaft beeindruckenden Kulturdenkmals sollte obligatorisch sein!

18 Kilometer westlich liegt **Schumen**, die zehntgrößte Stadt Bulgariens mit fast 100 000 Einwohnern. In der Antike befand sich hier eine thrakische Siedlung, die später römische Festung wurde. Im Jahre 1388 eroberten die Osmanen die Festung. Nach der Niederschlagung der bürgerlich-demokratischen Revolution 1848/49 kamen 2000 ungarische und polnische Emigranten mit dem Schriftsteller Lajosch Kossuth (1802 bis 1894) an der Spitze nach Schumen. Unter dem Einfluß der Emigranten und der Bildungsbürger wurde hier das erste Orchester und die erste Theatertruppe gegründet.

Heute ist Schumen Universitätsstadt; das **Historische Museum**, der **Uhrturm** von 1740, das **Lajosch-Kossuth-Haus**, die **Tombulmoschee**, die von 1744 bis 1745 erbaut wurde und deren prachtvolles Inneres in farbiger Vielfalt gestaltet wurde, und die **Alte Passage**, der ehemalige Bazar aus dem 16. Jahrhundert, sind einen Besuch wert.

Das **Hotel "Madara"** hat drei Sterne und verfügt über 26 Appartements, 23 Einzel- und 55 Doppelzimmer, Telefon: 59141 und 57598, Telex: 73412. Das neue **Vier-Sterne-Hotel "Schumen"** liegt am Simeón-Velíki-Boulevard, Telefon: 591-41 bis -46 und 58009.

20 Kilometer südlich von Schumen liegt **Preslav** mit seinen 15 000 Einwohnern, das die zweite Hauptstadt des alten Bulgarien war. Auch hier ist leider nur sehr wenig erhalten geblieben, wie etwa die Fundamente der **Goldenen Kirche**, eines Rundbaus mit 12 Nischen, dessen Kuppel außen vergoldet und innen mit Mosaiken auf goldenem Grund verziert war. Heute stehen Veliki Preslav wie auch das **Ruinenkloster Patlejna**, aus dem die Keramik-Ikone des Heiligen Theodor Stratilat stammt, unter Denkmalschutz.

50 Kilometer nordwestlich von Schumen, am Fluß **Beli Lom** ("Weißbruchfluß"), liegt das 50 000 Einwohner zählende **Rasgrad**, die Hauptstadt der Region **Ludogorie** ("Wildwälder"). Hier befand sich einst Abritus, eine römische Stadt, an deren Mauern der römische Kaiser Gaius Mesius Trajanus

Dessius (249 bis 251) samt seinem Sohn im Kampf mit den Goten den Tod fand.

In Rasgrad sollte man das **Historische Museum**, das **Abritus-Museum** und die **Ibrachim-Pascha-Moschee** aus dem Jahre 1614 besuchen.

40 Kilometer nordöstlich von Rasgrad, im Dorf **Sweschtári**, wurde ein **thrakisches Grabmal** entdeckt, das auf der UNESCO-Liste des Weltkulturerbes steht.

Das **Hotel "Rasgrad"** hat drei Sterne; auf seinen 15 Etagen verteilen sich 16 Appartements, 21 Einzel- und 151 Doppelzimmer, Telefon: 20981.

67 Kilometer nordöstlich von Rasgrad liegt die mit 190 000 Einwohnern fünftgrößte Stadt Bulgariens: **Russe** an der Donau. Die Stadt hat eine lange Geschichte. Im ersten Jahrhundert war es eine römische Siedlung mit dem Namen Sexaginta Prista ("Stadt der 60 Schiffe"), später wandelte es sich in eine slawische Siedlung. Während der osmanischen Besatzung hieß es Rustschuk; daraus entwickelte sich der heutige Name Russe ("Blonde", "Helle"). Viele Rebellen und Revolutionäre der Wiedergeburtszeit wurden hier geboren oder wohnten hier, weil am anderen Ufer der Donau schon die "Freiheit" war, die freie Walachei.

Heute beheimatet Russe eine technische Hochschule und diverse Forschungsinstitute, besitzt eine Oper und die einzige bulgarische **Brücke über die Donau**. Das Stadtzentrum ist architektonisch sehr reizvoll; hier kann man alle Architekturströmungen Mittel- und Westeuropas wiederfinden, was der Stadt ein ausgesprochen europäisches Antlitz verleiht.

Das **Pantheon** der bedeutenden Persönlichkeiten der Stadt, das **Historische Museum**, das **Verkehrsmuseum** und das **Freiheitsdenkmal** gehören zu den Sehenswürdigkeiten der Stadt. Auch die **katholische** und die **armenisch-gregorianische Kirche** sowie die Kirche **Swetá Troiza** (Heilige Dreieinigkeit) beeindrucken durch ihre Schönheit.

23 Kilometer südlich von Russe liegt das **Felsenkloster von Ivánovo**, das aus dem 12. bis 15. Jahrhundert stammt und mit einzigartigen Wandmalereien versehen ist. Das Kloster steht ebenfalls auf der UNESCO-Liste des Weltkulturerbes.

Russe ist der **größte Donauhafen** Bulgariens. Mit den Luxusschiffen "Sofia" und "Russe" können Ausflüge nach Wien und Passau unternommen werden.

Das **Hotel "Riga"** hat drei Sterne; auf seine 16 Etagen verteilen sich acht Appartements, 21 Einzel- und 151 Doppelzimmer, Telefon: 2181. Das **"Dunav"** hat zwei Sterne und verfügt über sechs Appartements, zehn Einzel- und 95 Doppelzimmer, Telefon: 2031.

Viele internationale Züge fahren über die **Donaubrücke** Russe - Gjurgju in Richtung Moskau, Kiev, Warschau, Prag, Budapest, Bukarest und Berlin.

Russe - Pleven - Teteven (245 Kilometer)

Bjala ("Weißstadt") liegt 52 Kilometer südlich von Russe an der **Jantra**, über die eine kostbare **Brücke** führt, ein Meisterwerk von Koljo Fitscheto, dem bekanntesten bulgarischen Baumeister der Wiedergeburtszeit. Damit ist aber das Angebot an Sehenswürdigkeiten in dieser öden Provinzstadt auch schon erschöpft.

Nur zu verständlich, wenn viele Autofahrer hier nicht einmal anhalten und gleich weiter ins 95 Kilometer westlich gelegene **Pleven** fahren. Mit ihren 140 000 Einwohnern ist diese Stadt eine echte Großstadt. Pleven war einst eine thrakische Siedlung, Storgósia, dann römische Siedlung und später osmanische Festung.

Heute beheimatet die Stadt zwei Hochschulen und eine Oper. Im Herbst findet alljährlich ein **Musikfestival** statt.

Pleven verfügt über viele Sehenswürdigkeiten, die mit den russisch-türkischen Kriegen verbunden sind; außerdem über mehr als zehn Denkmäler, die an die gefallenen russischen und rumänischen Soldaten erinnern, und über zahlreiche Parks und historische Häuser. Sowohl von kulturellem als auch von historischem Interesse ist die Ausstellung **"Die Befreiung Plevens 1877"**; im Stadtzentrum befindet sich das **Mausoleum** der in den Kämpfen gefallenen Soldaten, insgesamt fast 40 000 Menschen. Das Gelände ist im mittelalterlichen und im Wiedergeburts-Stil gestaltet. Dort, wo die erbittertsten Kämpfe tobten, auf einem Hügel südlich der Stadt, wurde der zehn Hektar große **Generál-Skobelev-Park** angelegt. 25 Kilometer

Sommer auf dem Lande

Bauerndorf im Sommer

Zerklüftete Landschaft

Im Gebirge

Typische Bauernkate

Khan Televis und die Heilige Jungfrau (Ikone)

westlich von Pleven liegt eine weitere große Grünanlage, der **Generál-Lawrow-Park**.

Anläßlich des 100jährigen Gedenkens an den Russisch-Türkischen Krieg wurde 1977 das imposante Denkmal **"Plevener Epopöe"**, das auch als **"Plevener Panorama"** bekannt ist, errichtet. Der Komplex ist fast 50 Meter hoch und mit großen Wandbildern geschmückt. Der größte Saal stellt die Entscheidungsschlacht bei Pleven dar, die Wandmalerei nimmt über 2000 Quadratmeter Fläche ein.

Sehenswert sind auch die Kirche **Swetí Nikólaj** und die **Gemäldegalerie**.

Das **Hotel "Pleven"** hat drei Sterne und bietet auf seinen 12 Etagen neun Appartements, 50 Einzel- und 143 Doppelzimmer, Telefon: 30181. Das **"Rostóv na Don"** hat zwei Sterne; auf 12 Etagen befinden sich vier Appartements, elf Einzel- und 96 Doppelzimmer, Telefon: 23892. Das **"Kajláka"** hat zwei Sterne und verfügt über sechs Appartements, sieben Einzel- und 74 Doppelzimmer, Telefon: 23515. Es liegt im Kajláka-Park, in dessen Karsthöhle ein großes Restaurant eingerichtet ist.

95 Kilometer südlich von Pleven gelangt man nach **Teteven**, eine malerische Stadt auf dem Vorbalkan. Solche Städte und Städtchen sind auch **Troján**, **Lowetsch**, **Velíko Tarnovo**, **Gabrovo**, **Trjavna**, **Drjanovo** und **Elena**. Es handelt sich dabei um kleinere und größere Städte, die an schnellfließenden, rauschenden Flüssen entstanden sind und ein ganz eigenes Kolorit besitzen.

Teteven zählt 13 000 Einwohner, erstreckt sich zu beiden Ufern des Beli Wit und ist ein Ferienort, Luftkurort und Ausgangspunkt für Ausflüge. Das **Hotel "Teteven"** hat zwei Sterne, Telefon: 3222.

13 Kilometer nordwestlich von Teteven beim Dorf Gloshene liegt das **Kloster Gloshene**. Es wurde vom Kiewer Fürst Geórgi Glosh im 12. Jahrhundert erbaut und gilt als wertvolles Baudenkmal des Mittelalters.

Russe - Velíko Tarnovo - Gabrovo- Lowetsch (218 Kilometer)

Die Universitätsstadt **Velíko Tarnovo** liegt 103 Kilometer südlich von Russe an der Jantra und zählt 75 000 Einwohner. "Tarnovo" bedeutet "Spitze", "Hügel", "Dorn". Die Flußlandschaft der Jantra ist besonders malerisch, und die Stadt ist wie Plovdiv auf mehreren Hügeln entstanden, zunächst als thrakische Siedlung, die dann slawisch wurde. Im Jahre 1185 brach hier der Aufstand gegen Byzanz aus, und bis zum Jahre 1393 war es Hauptstadt des Zweiten Bulgarischen Reiches; jedes Haus in der **Altstadt** von Velíko Tarnovo ist lebendige Geschichte. Die drei Hügel **Zarevez**, **Trapésiza** und **Assénov** sind sehenswürdig und stehen unter Denkmalschutz.

Ein Teil der ehemaligen **Festung** wurde ebenso wie die **Patriarchenkirche Christi Himmelfahrt** wiederaufgebaut. Die ältesten Kirchen sind **Swetí Dimítar** (Heiliger Demetrios) von 1185, **Swetí tschetírideset Matschenízi** (Die Heiligen Vierzig Märtyrer) von 1230 und **Swetí Geórgi** (Heiliger Georg) von 1612. Sehenswert ist auch der **Balduinturm**.

Anläßlich der Nationalfeiertage findet hier ein **Lichterfest** statt, das von den Touristen gern besucht wird.

Das **Hotel "Velíko Tarnovo"** hat vier Sterne und bietet 13 Appartements, 34 Einzel- und 154 Doppelzimmer, Telefon: 30571. Die ehemalige Prominenten-Residenz ist jetzt in das **Fünf-Sterne-Hotel "Arbanasi Palace"** umgewandelt worden und hat fünf geräumige Appartements, Telefon: 28060 und 30176. Gediegener als hier läßt sich in Bulgarien kaum nächtigen. Das **"Etar"** hat zwei Sterne; auf seinen 17 Etagen stellt es 12 Appartements, 12 Einzel- und 56 Doppelzimmer bereit, Telefon: 30571.

Zu den Sehenswürdigkeiten der Umgebung zählen das vier Kilometer entfernte **Dorf Arbanássi**, die **Christi-Geburt-Kirche**, das sieben Kilometer weiter nördlich gelegene **"Verklärungskloster"**, **Preobrashénski Manastír**, aus dem 12. bis 13. Jahrhundert, das 1350 gegründete **Kloster Kilifárevo** und das **Kloster Swetá Troiza** von 1372 . Überall finden sich vom Architekten Koljo Fitscheto gebaute Kirchen und Gebäude, wie auch das berühmte **"Haus mit dem Äffchen"**, unter dessen Erker sich die kleine Figur eines hockenden Affen befindet.

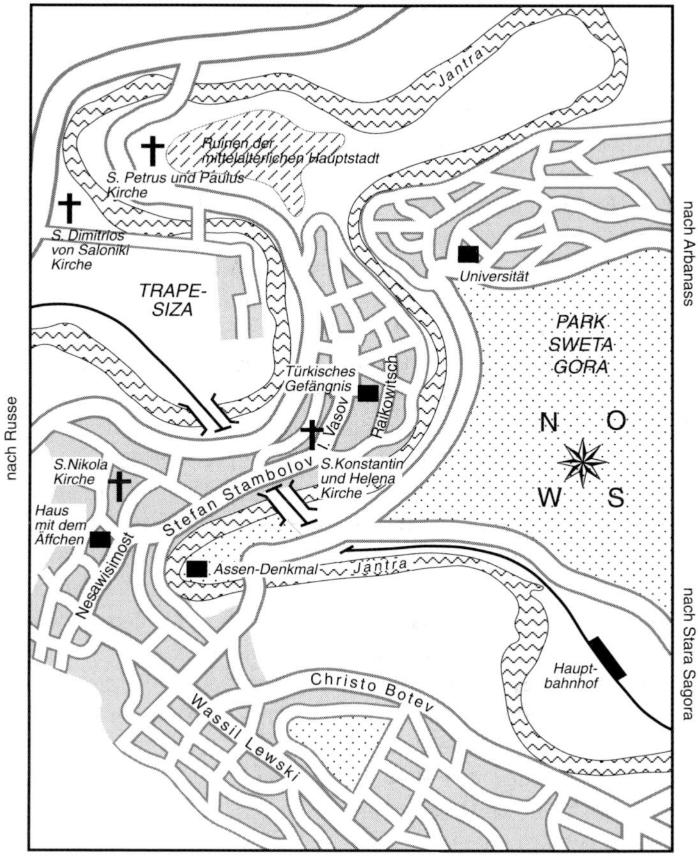

Veliko Tarnovo

Elena zählt 10 000 Einwohner und liegt 42 Kilometer südlich von Velíko Tarnovo. In der Umgebung lohnt das **Kloster Swetí Nikóla** aus dem 13. Jahrhundert einen Besuch, die anderen drei Kirchen des Ortes stammen aus dem 19. Jahrhundert und stellen insofern keine Bauten von architekturhistorischem Interesse dar.

Ein weiteres Kloster, das **Kloster Drjanovo**, findet man 25 Kilometer südlich von Velíko Tarnovo. Es wurde bereits im 13. Jahrhundert gegründet, später aber total zerstört. Im Jahre 1845 errichtete man es neu. Während des Aprilaufstandes fanden hier und in der nahegelegenen Höhle 200 Rebellen den

Tod. Die dem **Erzengel Michail** geweihte Kirche ist von besonderem architektonischem Interesse.

Noch 17 Kilometer weiter südlich trifft man auf den Ort **Trjavna** ("Grasstadt"), wo sich eine **Holzschnitzerschule** befindet und über zehn **historische Häuser** aus dem 19. Jahrhundert zu sehen sind.

Gabrovo an der Jantra ("Hainbuchenstadt"), 50 Kilometer südlich von Velíko Tarnovo gelegen, zählt 85 000 Einwohner und ist von dem Schmied Ratschko Kowátscha Ende des 14. Jahrhunderts gegründet worden. Heute ist Gabrovo die "Hauptstadt des Humors"; alle zwei Jahre findet hier ein **Humorfestival** statt. In der Stadt mit einer Hochschule für Maschinenbau und Elektrotechnik sind zahlreiche historische Häuser, Brücken und Holzschnitzereien zu sehen.

Das **Hotel "Balkan"** hat drei Sterne und verfügt über sieben Appartements, 44 Einzel- und 171 Doppelzimmer, Telefon: 42022. Das **"Jantra"** hat zwei Sterne, Telefon: 24814.

Das Dorf **Boshénzi** liegt 16 Kilometer entfernt und wurde im 14. Jahrhundert gegründet. Besucher werden die interessanten alten Häuser und das erst im Jahre 1833 gegründete "Falkenkloster", **Sokolski Manastír**, bewundern.

Im **Nationalpark Schipka**, südlich von Gabrovo in der Stara Planiná gelegen, stehen unzählige große **Denkmäler**, die an die Schlachten des Russisch-Türkischen Krieges erinnern. So ist zum Beispiel das Denkmal auf dem Schipka-Gipfel ein Zeichen der Dankbarkeit an die russischen Soldaten, die Bulgarien 1878 befreiten.

Etara, nicht weit von Gabrovo, ist ein **Freilichtmuseum**, auf dessen Gelände man eine Handwerkerstraße des Mittelalters besuchen kann, wo "alte Meister" vor den Augen der Besucher arbeiten.

Sevlievo (30 000 Einwohner) liegt 28 Kilometer nordwestlich von Gabrovo und ist durch seine zwei **Kirchen** aus dem 19. Jahrhundert und ein **Freiheitsdenkmal** des italienischen Bildhauers Arnoldo Zocchi (1894) bekannt.

Troján am Ossam zählt 28 000 Einwohner und liegt 37 Kilometer südwestlich von Sevlievo. Man vermutet, daß die Stadt den Namen des einst hier verweilenden Kaisers Trajan trägt. Elf Kilometer östlich steht das **Troján-Kloster**, das drittgrößte des Landes, gegründet im Jahre 1660, allerdings ist es doch deutlich kleiner als das Rila- und das Batschkovo-Kloster. Es ist mit eindrucksvollen Wandmalereien der Meister Dimítar Sográf und Nikóla Obrasopissez geschmückt. Die **Kirche Swetí Nikóla** (Heiliger Nikolaus) stammt aus dem Jahre 1812.

In unmittelbarer Nachbarschaft liegt **Oreschak** ("Nußbaumwald"), das durch seine **Ausstellung von kunstgewerblichen Arbeiten** und Werken der angewandten Künste bekannt ist. Hier kann man Souvenirs der besten bulgarischen Kunsthandwerker erwerben.

36 Kilometer weiter nördlich liegt **Lowetsch** ("Jagdstadt"), "Stadt des Flieders" genannt, denn an den Hügeln wächst ein dichter Fliederwald. Die Stadt zählt 50 000 Einwohner und liegt am Fluß Ossam. In der Römerzeit hieß sie Hissarja, und im Mittelalter war sie eine starke Festung namens Melta.

Wassíl Lewski schätzte diese Stadt besonders hoch und verwandelte sie in das Zentrum seiner revolutionären und aufklärerischen Tätigkeit; ein **Lewski-Denkmal**, ein **Lewski-Haus** und ein **Lewski-Museum** erinnern heute daran. Die größte Sehenswürdigkeit der Stadt ist die **überdachte Brücke**, die 1872 bis 1874 von Koljo Fitschev (Fitscheto) gebaut wurde. Lowetsch ist aber überhaupt eine sehr romantische und malerische Stadt.

Das **Hotel "Lowetsch"** hat drei Sterne und verfügt über sechs Appartements, 16 Einzel- und 131 Doppelzimmer, Telefon: 24716.

Russe - Vidin

Man erreicht Vidin am besten mit einem Schiff über die Donau. Unterwegs sollte man **Swischtóv** besichtigen. Nicht weit von der Stadt entfernt befinden sich die **Überreste der römischen Stadt Nove** aus dem ersten Jahrhundert. Die Goten zerstörten die Stadt im vierten Jahrhundert fast völlig.

Erst im 19. Jahrhundert erlangte Swischtóv als Hafenstadt großen Wohlstand. Sehenswert sind die Kirchen **Swetí Demétrios** von 1640, **Heiliger Peter und Paul** von 1644, **Preobrashenie** von 1836 und die von Koljo Fitschev 1867 gebaute Kirche **Swetá Troiza** sowie der **Uhrturm** aus dem Jahre 1760.

Weiter westlich liegt **Nikópol** ("Stadt des Sieges") mit seinen 10 000 Einwohnern; hier ließ im Jahre 169 der römische Kaiser Marc Aurel die Festung Sekurista erbauen. Der byzantinische Kaiser Iraklij benannte im Jahre 629 die Stadt in Nikopolis um. Während des Zweiten Bulgarischen Reiches war Nikópol die wichtigste Stadt neben Velíko Tarnovo, 1396 fiel es, wie ganz Bulgarien, an die Osmanen.

Nicht weit der Iskar-Mündung beim **Dorf Gigen** befinden sich die **Überreste der römischen Stadt Eskus** sowie ein Fortuna-Tempel.

Lom ("Bruchstadt") zählt 40 000 Einwohner und ist eine große Hafenstadt. Nicht weit entfernt liegt die **römische Festung Almus** aus dem zweiten Jahrhundert.

In **Artschár**, an der Mündung des gleichnamigen Flusses, kann man die Überreste der römischen Satdt Rataria, die im Jahre 70 nach Christus gegründet wurde, besichtigen.

Und damit endet die Reise durch Bulgarien in Vidin an der Donau.

Reisetips von A - Z

Anreise

Mit der Bahn

Man erreicht Bulgarien mit dem **Orientexpress**, der täglich zwischen München und Istanbul verkehrt. In Bulgarien hat er kurze Aufenthalte in Sofia und Plovdiv; die Strecke von München nach Sofia legt er in 24 Stunden zurück. Der Orientexpress verfügt auch über Schlaf- und Liegewagen. Falls man vergessen hat, einen Schlafwagenplatz reservieren zu lassen, kann man die Karten für die Fahrt auch direkt beim Zugschaffner kaufen. Der Zug fährt von München über Salzburg - Ljubljana - Zagreb - Belgrad und weiter über Sofia und Plovdiv nach Istanbul.

Im Sommer fährt ein Zug direkt aus Pölrachen, Bezirk Melk, Niederösterreich, nach Sofia. Der Zug macht keinen Halt im ehemaligen Jugoslawien und wird deshalb von vielen Urlaubern bevorzugt. Seit Mai 1993 fährt ein Zug Berlin - Prag - Budapest - Bukarest - Sofia und zurück, die Fahrt dauert etwa 36 Stunden.

Mit dem Auto

Man kann Bulgarien mit dem Auto erreichen, indem man über Österreich, Ungarn und Rumänien oder über die Länder des ehemaligen Jugoslawien reist. Es grenzt zur Zeit allerdings an ein Abenteuer, eine dieser beiden Routen zu wählen: Das ehemalige Jugoslawien ist wegen des Krieges nur unter Lebensgefahr zu bereisen, und Rumänien ist bekannt für seinen bisweilen nicht sehr korrekten Umgang mit Touristen.

Zwischen Bulgarien und dem **ehemaligen Jugoslawien** gibt es folgende **Grenzübergänge** (von Norden nach Süden):
Bregovo - Negotin
Vraska Tschuka - Zajcar
Kalótina - Zarev Brod (E 80)
Dolno Ujno - Bosilegrad
Nach **Mazedonien** führen die Übergänge:
Gjuéschevo - Kriva Palanka (E 871)
Stanke Lissítschkovo - Delcevo
Strumeschniza - Novo Sela

Zwischen Bulgarien und **Rumänien** stehen folgende Grenzübergänge zur Verfügung (von Osten nach Westen):
Durànkulak - Mangalia (E 87)
Silístra - Ostrow
Russe - Gjurgju (E 85 führt hier über die Donaubrücke)
Vidin - Kalafat (Fährverbindung über die Donau im Verlauf der E 79)

Die meisten deutschen Autotouristen werden sicher den Übergang Kalafat - Vidin benutzen. Eine **Fähre** über die Donau verkehrt hier zweimal täglich, im Sommer viermal, tags und nachts. Längere Wartezeiten sollten einkalkuliert werden. Die Telefonnummer der Fähre in Vidin lautet (mit Vorwahl) 094/ 25851. Deutsche Touristen bezahlen die Überfahrt pro Auto in DM. Früher war der Fährpreis niedrig, jetzt aber sollte man mit mehr als zehn DM rechnen; der Preis steigt von Monat zu Monat.

Für die Weiterfahrt nach **Griechenland** stehen die **Grenzübergänge** Blagóevgrad - Kulata (E 79) und Svilengrad - Didimotichon (E 85) zur Wahl.

In die **Türkei** gelangt man über die **Grenzübergänge** Kapitán Andréevo - Edirne (E 80) und Malko Tarnovo - Kirklareli (E 87).

Die Nummern der einzelnen Europastraßen sind auf jeder Straßenkarte eingezeichnet. Bei der Grenzabfertigung sind auf bulgarischer Seite keine besonderen Formalitäten zu befürchten.

Während des Sommers muß man mit einer Wartezeit von etwa einer bis zwei Stunden rechnen; will man Bulgarien von Rumänien aus erreichen, sind die Wartezeiten mit bis zu acht Stunden wesentlich länger.

Mit dem Flugzeug

Flugreisende landen in Bulgarien auf dem Flughafen Sofia, der fast jeden Tag von Berlin, Frankfurt und München aus angeflogen wird; **Charterflüge** gehen meist nach Varna oder Burgas: Feriengäste, die nördlich des Ferienortes Djuni Urlaub machen, benutzen den Varnaer Flughafen, die anderen den Flughafen von Burgas.

Über 100 000 deutsche Gäste verbringen ihren Urlaub an der Schwarzmeerküste, daher werden - abhängig von der Anzahl der Fluggäste - beinahe täglich Charterflüge angeboten. Meistens landen die Maschinen donnerstags, freitags und am Wochenende. Ein **Linienflug** mit "Balkan-Airlines" ist deutlich teurer als ein Charterflug. Bei Charterflügen von nördlichen Städten Deutschlands aus sind Zwischenlandungen in Frankfurt/Main oder München oft nicht zu umgehen. Im Sommer, während der Hauptreisezeit, werden Charterflüge von Hamburg, Hannover, Bremen, Köln, Dresden, Leipzig, Frankfurt/Main, Bonn und München aus angeboten.

Die **Flugdauer** von Berlin nach Sofia beträgt etwa zweieinhalb Stunden, von Frankfurt/Main aus dauert der Flug gut zwei Stunden, von Wien aus circa eineinhalb und von Zürich aus zwei Stunden.

Weitere **Fluginformationen** sind beim Flughafen Sofia unter der Telefonnummer 798035 für Auslandslinien beziehungsweise 722414 für Inlandslinien erhältlich. Der Flughafen Varna ist unter der Nummer 44232 / 483, der Flughafen Burgas unter der Nummer 2831 / 217, 417 telefonisch zu erreichen.

Flugticketreservierungen können in Sofia an mehreren Stellen vorgenommen werden: Telefonische Information und Ticketreservierungen unter den Telefonnummern 884433, 884493, 881180 und 885406, am Narodno-Sabranie-Platz 12 unter den Rufnummern 875724 und 880663, vorbezahlte Tickets unter den Telefonnummern 883595 und 883598, Gruppen- und Servicetickets unter der Telefonnummer 800711.

Das Verkehrsbüro für alle Verkehrsmittel befindet sich im Kulturpalast (NDK) in der Unterführung (Telefon: 597095, 597096, 596188), andere Büros für Flugticket-Reservierungen sind in der Leandre-Legue-Straße 19 (Telefon: 884989, 884192) und in der Fürst-Alexander-von-Battenberg-Straße 10 (Telefon: 884436, 881394, 883569).

Die größte bulgarische Fluggesellschaft ist die **Balkan Airlines Sofia**, Telefon: 02 / 71201, Telex: 22299 und 23097, außerdem bestehen die Fluggesellschaften **AIR VIA**, **AIR Varna**, **East West European** und andere.

Das Büro der **Lufthansa** befindet sich in der Saborna Straße 9A, Telefon: 882310, Fax: 803811. Das der **Austrian Airlines** ist am Maria Louisa Boulevard 68, Telefon: 327061, Telex: 22599. Die Vertretung der **Swissair** ist am Maria Louisa Boulevard 66, Telefon: 318181 - 3, Fax: 335012 zu finden.

Mit dem Autobus

Es gibt viele günstige Buslinien zwischen Deutschland und Bulgarien, von München, Stuttgart, Frankfurt und Berlin aus kann man nach Sofia, Varna und Plovdiv fahren . Die Busse sind recht komfortabel, und da jeweils zwei Busfahrer sich beim Fahren abwechseln, fährt man - außer an den Grenzübergängen - ohne Aufenthalt durch. Der Fahrpreis ist günstig: Hin- und Rückfahrt kosten etwa 250 DM, der Preis für einen Einzelfahrschein beträgt circa 130 DM. Vermittelt werden diese Busfahrten durch Firmen wie etwa die Interoffice - Privat Travel Agency, Bratja Miladinovi Straße 1, Telefon (mit Vorwahl): 02/ 810654, Fax: 313905. Von Bulgarien aus fahren Busse jeweils dienstags nach Frankfurt/Main und Köln über Prag, jeden Dienstag und Donnerstag nach Dresden und Berlin über Prag und jeden Donnerstag nach Wien.

Die Group Company Oborischta Sofia, Georgi Rakovski Straße 85, Telefon: 831215, 831454, 832469, Fax: 832426, bietet ebenfalls Busreisen an, und zwar die Strecken Russe - Wien - München und Russe - Prag - Düsseldorf; die Telefonnummer in Russe lautet (mit Vorwahl): 082/ 22031 /20. Auch von Varna aus kann mit dem Autobus gereist werden, zur Wahl stehen die Strecken Varna - Wien - München und Varna - Prag - Düsseldorf; die Telefonnummer in Varna lautet (mit Vorwahl) 052/ 256734.

Die genannten Firmen sind nur zwei von mehreren Privatunternehmen, die mit neuen Bussen die Fahrten organisieren.

Ärztliche und zahnärztliche Hilfe

Erster Hilfe bei dringenden Fällen akuter Lebensbedrohung wird immer gewährt. **Ambulante** wie **stationäre Behandlung** in einem Krankenhaus und **zahnärztliche Behandlung** müssen aber grundsätzlich bezahlt werden. Über die angefallenen Behandlungskosten wird eine Quittung ausgestellt, die nach der Rückkehr zur Kostenrückerstattung bei der jeweiligen Versicherung eingereicht werden kann.

Autoverkehr

Die Landstraßen sind in Bulgarien verhältnismäßig gut ausgeschildert, das Straßennetz selbst ist allerdings nicht in allerbestem Zustand. Relativ gut befahrbar sind die Straßen Sofia - Kasanlak - Burgas und Varna - Pleven - Sofia. Die am besten ausgebauten Straßen sind die Autobahnen Sofia - Plovdiv, Sofia - Pravez und Varna - Dewnja, die mit anderen europäischen Autobahnen vergleichbar sind.

Die bulgarische Regierung ist zur Zeit dabei, Verträge mit italienischen und österreichischen Firmen abzuschließen, um die folgenden Strecken neu zu bauen: Sofia - westliche Grenze, Plovdiv - türkische Grenze und Vidin - Sofia - südliche Grenze (Saloniki). Den Verträgen zufolge sollen die Autobahnstrecken in drei Jahren fertiggestellt sein. Größtes Hindernis bei diesem Bauvorhaben sind die finanziellen Probleme der Kommunen, die sich außerstande sehen, das Geld für den Bau und das Asphaltieren neuer Straßen aufzubringen.

Die **Höchstgeschwindigkeit** beträgt in den Ortschaften 50 Kilometer pro Stunde, auf den Landstraßen 80 Kilometer und auf der Autobahn 100 Kilometer pro Stunde. Die Einhaltung dieser Geschwindigkeitsbegrenzungen wird häufig mit Radarkontrollen überwacht, bei Übertretungen werden Bußgelder zwischen 5 und 15 DM verlangt. In Bulgarien herrscht **Alkoholverbot** für Autofahrer, das Anschnallen mit dem Sicherheitsgurt ist allerdings nicht obligatorisch. Es ist übrigens dringend davon abzuraten, Wertgegenstände im Auto zu lassen.

Der **Pannendienst** ist in ganz Bulgarien unter der Telefonnummer 146 zu erreichen. Das zentrale Pannendienstbüro in Sofia in der Zar Samuil Straße 44 hat die Telefonnummer 883979.

Das Tankstellennetz ist nach wie vor im bisherigen Zustand - alle 30 Kilometer eine **Tankstelle**. Bisher wurden erst drei bis vier **Tankstellen** westeuropäischen Standards gebaut. Ein Liter Benzin kostet zwischen 70 und 80 Pfennigen. **Bleifreies Benzin** ist an den folgenden Tankstellen erhältlich: An der E 87 Burgás - Varna (6 - 21 Uhr), der E 80 Dragoman - Sofia, in Kulata, Ljubimez, Pampórovo und Pavel Banja (6 - 21 Uhr), an der E 80 Plovdiv - Svilengrad, in Russe (an der Donaubrücke), Slantschev Brjag (7 - 11 Uhr und 14 - 19 Uhr), Slatni Pjassazi (8 - 17 Uhr), Sofia / Karaulkata, Stara Sagóra (6 - 21 Uhr), Varna (6 - 21 Uhr), Velíko Tarnovo und Vidin (6 - 21 Uhr). Tankstellen ohne Zeitangabe haben durchgehend geöffnet.

Autoverleih

In allen bulgarischen Hotels mit zwei und mehr Sternen ist es möglich, **Autos zu leihen**. Mittlerweile handelt es sich bei diesen Wagen vorwiegend um westliche und japanische Autos. Alle Seebäder haben selbständige Autoverleihfirmen. Erwähnt seien auch die Firmen "Rent a car" und "Hertz", die überall im Land Vertretungen haben. Die Preise sind etwas niedriger als bei einem deutschen Autoverleih.

Baden

Die Strände in den **Seebädern** werden täglich von 8 bis 17 Uhr von Rettungsschwimmern überwacht. An jedem größeren Strand gibt es eine **Erste-Hilfe-Station**. Zu beachten sind die **Fahnensignale**: eine weiße Fahne bedeutet ruhiges Meer; eine rote Fahne bedeutet, daß das Baden gefährlich ist, und eine schwarze Fahne bedeutet Badeverbot.

Bergrettungsdienst

Der Bergrettungsdienst ist eine Sonderabteilung des Bulgarischen Roten Kreuzes für Hilfe im Gebirge. Die Zentrale ist in Sofia und steht in Verbindung mit 144 Berghütten und 28 Ortschaften und gibt telefonisch Auskunft über das Wetter. Das Büro befindet sich in der Todor-Kableschkov-Straße 52 und hat die Telefonnummern 562829, 564947, 563012. Lokale Rettungsdienste gibt es zudem in Bansko (Telefon: 3075, 3076), Berkoviza (Telefon 2488), Blagóevgrad (Telefon: 23610, 27758), Gabrovo (Telefon: 23116, 25234), Kjustendil (24489, 22174), Liwetsch (Telefon: 26282, 25877), Pampórovo Berghütte Studenez (Telefon: 336 von Smoljan aus), Plovdiv (Telefon: 22762, 27163), Samokov (Telefon: 2940), Sandánski (Telefon: 2046), Sliven (Telefon: 25133, 23127), Smoljan (Telefon: 32797, 34292) und Sofia (Telefon: 803214, 883690).

Binnenschifffahrt

Auf der Donau

Mit den Tragflächenbooten "Meteor" und "Kometa" werden auf der Donau Binnenschifffahrten unternommen. Vom Ausgangspunkt Russe werden Fahrten nach Vidin, Lom, Swischtov und Silístra angeboten.

Demnächst sollen elf Fähren die bulgarischen und rumänischen Städte entlang der Donau verbinden.

Auf dem Schwarzen Meer

Die Reederei verfügt über Tragflächenboote vom Typ "Kometa", die von Ende April bis Ende September fünfmal täglich zwischen Varna und Nessébar, Pomórie, und Burgás verkehren.

Die um 10 Uhr 05 und um 12 Uhr 20 von Burgás ablegenden Tragflächenboote haben in Sosópol Anschluß an die Hydrobusse - kleine Passagierschife - nach Primórsko und Zarevo.

Die Hydrobusse verkehren auf folgenden Routen: Varna - Swetí Konstantín - Slatni Pjassazi - Baltschík und zurück, Burgás - Pomorie und zurück und Zarevo - Primórsko - Sosópol und zurück. Bei starkem Wellengang verkehren die Schiffe nicht.

Passagierhafen Varna, Telefon: 222326.

Passagierhafen Burgás, Telefon: 42738.

Botschaften und Vertretungen

Die **Botschaft der BRD** befindet sich in der Frédéric-Joliot-Curie-Straße 25 und ist unter der Telefonnummer 722127 zu erreichen. Die Telefaxnummer ist 718041. Das Amt der Botschaft für die Ausstellung von Visa und Pässen befindet sich in der Schipka-Straße 48.

In der Schipka-Straße 7, direkt im Zentrum von Sofia, liegt auch die **Botschaft der Republik Österreich**, die Telefonnummern lauten 803572 und 881711.

Unweit davon, in der Schipka-Straße 33, liegt die **Botschaft der Schweiz**, Telefon: 443198, Fax: 443947.

Einkäufe

Die **Geschäfte** liegen meist in den Zentren der Städte. Vorwiegend handelt es sich dabei um kleine Geschäfte mit Importwaren, vor allem aus Griechenland und der Türkei. Daneben gibt es aber auch teure Boutiquen mit westlichen Waren. Die Geschäfte haben im allgemeinen von 9 bis 18 Uhr 30, im Sommer bis 20 Uhr geöffnet, auch am Samstag. Das Angebot an Lebensmitteln ist gut. Spirituosen und Zigaretten kann man immer noch sehr preiswert kaufen. Es empfiehlt sich, in den Geschäften statt auf den Märkten einzukaufen. Auf den

Märkten sollte man nur frisches Obst und Gemüse erstehen, die anderen Waren sind oft zweifelhafter Herkunft. Geschäfte, in denen Devisen alleinige Zahlungsmittel sind, existieren nicht mehr, sieht man von den kleinen Intershops (Corecom) an den Grenzübergängen ab.

Eisenbahn

Das Bahnnetz ist noch nicht völlig ausgebaut, viele Strecken führen nur bis zur Grenze und werden außerhalb des bulgarischen Territoriums nicht fortgesetzt. Die Hauptlinien sind allerdings elektrifiziert und zweigleisig. Als problematisch für Reisende könnte sich der mangelnde Komfort der alten Waggons bulgarischer Herstellung und der Schlaf- und Liegewagen, meistens Erzeugnisse der DDR, erweisen. Aufgrund der angestiegenen Brennstoffpreise wurden auch die Fahrkartenpreise erhöht, obwohl die Sauberkeit und Bequemlichkeit unverändert mangelhaft geblieben sind. Nur in den **Schlafwagen** fährt es sich relativ bequem. Für kürzere Strecken empfiehlt es sich, den geringfügigen Aufpreis für die erste Klasse zu zahlen, er liegt bei etwa 30 bis 40 Lewa. 500 Kilometer Fahrt mit dem Schlafwagen kosten 200 Lewa (umgerechnet etwa 12 bis 15 DM). **Speisewaggons** gibt es nur in den Expresszügen: "Goldstrandexpress" (Sofia - Varna), "Sonnenstrandexpress" (Sofia - Burgas), "Dianaexpress" (Sofia - Jambol), "Trakiaexpress" (Sofia - Plovdiv) und "Donauexpress" (Russe - Kardshali).

Seit einiger Zeit werden die **Busse** als Verkehrsmittel bevorzugt, da die Busfahrkarten weniger kosten als Bahnfahrkarten.

Elektrizität

Die elektrische Spannung beträgt 220 Volt. Eurostecker sind überall verwendbar.

Essen und Trinken

In den Gaststätten bekommt man das übliche **Frühstück** aus Brötchen, Butter, Marmelade, Käse, Schinken, Eiern und Kuchen, dazu Kaffee, Tee oder Kakao. Die Qualität des Kaffees ist nicht immer die beste. Überall wird Espresso, seltener Filterkaffee angeboten.

Zu **Mittag** gibt es immer warme Speisen. Neben warmen Suppen wird oft Gurkensuppe (verdünnter Joghurt mit feingeschnittenen Gurken) angeboten, die an heißen Sommertagen sehr erfrischend schmeckt. Das Hauptgericht besteht meist aus Eintopf, Frikadellen, Schnitzel oder Braten mit einer Beilage aus Pommes frites und gedünstetem Gemüse. Der **Salat** wird gewöhnlich vor und zum Hauptgericht aufgetragen, meist ein Mischsalat aus Tomaten und Gurken oder Schopska Salat (aus Tomaten, Gurken, Paprika mit geriebenem Schafskäse darauf).

Zum Essen wird Alkoholfreies getrunken, im Sommer aber durchaus auch Bier.

Als **Nachtisch** gibt es Obst je nach Saison, Eis oder Torten, die oft mit Buttercreme gefüllt sind. Den Abschluß einer Mahlzeit bildet der Kaffee.

Beim **Abendessen** ist es üblich, daß mit einem Aperitif, meist einem Schnaps (Rakija), begonnen wird. Beliebte Spirituosenmarken sind "Muskatova", "Slivovitz" und "Perlova", vor allem aber ist eine in Deutschland kaum bekannt Spezialität beliebt: Der "Grape-Brandy", der von deutschen Touristen meist entweder mit Weinbrand oder aber mit Grappa verwechselt wird. In Wirklichkeit handelt es sich um ein Destillat aus ganzen Weintrauben, hergestellt nach Art der deutschen Obstwässer. Sehr beliebt ist Joghurtsalat aus verdicktem Joghurt mit feingeschnittenen Gurken. Als kalte **Vorspeisen** werden panierte oder geschmorte Zunge, Röllchen auf tschechische Art oder Russischer Salat (Mayonnaisesalat mit Kartoffeln, Erbsen und Schinken) gegessen. Zum **Hauptgericht** werden Filets, Schnitzel und Braten mit Beilage aufgetragen.

Während des Essens - nicht danach - trinkt man Weiß- oder Rotwein. Bulgarien ist für seinen traditionell guten **Wein** bekannt. Cognac, Brandy oder Whiskey können, je nach Gusto, das Essen abschließen.

Flugverkehr, Inland

Von Sofia aus bestehen reguläre Flugverbindungen nach Varna, Burgás, Russe, Vidin, Gorna Orjachoviza (Velíko Tarnovo) und Targóvischte (Schumen und Rasgrad). Geflogen werden die Flugzeugtypen AN 24, TU 134 und TU 154. Alle Tickets werden in bulgarischen Lewa bezahlt.

Feiertage, offizielle

1. Januar: Neujahrsfest.

3. März: Nationalfeiertag; er erinnert an die Befreiung Bulgariens von der osmanischen Fremdherrschaft (3. 03. 1878).

Ostersonntag und Ostermontag: sieben Tage später als das römisch-katholische beziehungsweise evangelische Osterfest

1. Mai: Internationaler Tag der Arbeit.

24. Mai: Tag der bulgarischen Bildung und Kultur und des slawischen Schrifttums.

25. und 26. Dezember: Weihnachten.

Fotografieren

In allen größeren Städten Bulgariens findet man schon gut organisierte und funktionierende Fotostudios. Die meisten von ihnen gehören der "Fudji"- beziehungsweise "Canon"-Kette an. Dort kann man die verschiedensten **Filme und Diafilme** kaufen. Die meisten Studios verfügen über eine schnell entwickelnde, automatisierte Kopiertechnik, so daß man in nur einer Stunde seine Fotos erhalten kann.

In einigen Museen ist das Fotografieren untersagt, wenn besonders kostbare Exponate ausgestellt sind. In diesen Fällen machen spezielle Hinweisschilder an der Wand oder am Eingang die Besucher auf das Verbot aufmerksam.

Videorecorder gibt es überall zu kaufen, ebenso **Videokasetten**. Beides ist in Bulgarien für deutsche Verhältnisse sehr günstig. Die heimischen Videofilme haben PAL-Norm.

Galerien

In den **Privatgalerien** muß kein Eintritt bezahlt werden. In den kleineren **staatlichen Galerien** kostet der Einlaß bis fünf Lewa, in den größeren bis 20 Lewa. Touristen, die Gemälde in Bulgarien kaufen und ausführen wollen, sollten sich einen Stempel auf der Hinterseite des Bildes und dazu eine Unterschrift des Galerieleiters oder des Malers geben lassen, dadurch kann man die ansonsten an der Grenze zu zahlende Zollgebühr vermeiden oder zumindest stark verringern.

Geld

Die bulgarische Währung heißt **Lew** ("Löwe"), die Mehrzahl ist **Lewa**. Ein Lew hat 100 **Stotinki**. Die Stotinki gibt es nur als Münzen, die Banknoten haben Werte von einem Lew, zwei Lewa, fünf Lewa, zehn Lewa, 20 Lewa, 50 Lewa. Diese **alten Banknoten** haben als Wasserzeichen Hammer und Sichel und sind noch bis Ende des Jahres 1998 gültig. Die **neuen Banknoten** sind als 20-, 50-, 100- und 200-Lewa-Noten erhältlich. Sie wurden in Leipzig gedruckt und führen als Wasserzeichen den Löwen, die kommunistischen Symbole wurden entfernt. Demnächst sollen noch 500- und 1000-Lewa-Noten erscheinen. Die neuen Scheine besitzen neben dem Wasserzeichen einen Faden und haben außerdem Markierungen für Blinde. Zur Zeit bekommt man für eine deutsche Mark 15 bis 17 Lewa, für drei österreichische Schilling rund sieben Lewa, für einen Schweizer Franken 18 bis 20 Lewa und für einen US-Dollar 24 bis 26 Lewa.

Hotelbuchungen

Telefonische Buchungen sind unter folgenden Rufnummern möglich:

Blagóevgrad 073 / 23218, Burgás 056 / 42932, Dobritsch 058 / 858, Gabrovo 066 / 24948, Haskovo 038 / 25033, Jambol 046 / 31102, Kardshali 0361 / 23313, Kjustendil 078 / 23035, Lowetsch 068 / 27633, Montána 096 / 29186, Pasardshik 034 / 28263, Pernik 076 / 24589, Pleven 064 / 29130, Plovdiv 032 / 228203, Rasgrad 084 / 20981, Russe 082 / 23088, Schumen 064 / 55313, Silístra 086 / 22861, Sliven 044 / 25112, Smoljan 0301 / 21252, Sofia 02 / 833573, Stara Sagora 042 / 45062, Targóvischte 0601 / 26248, Varna 052 / 855681, Velíko Tarnovo 062 / 30571, Vidin 094 / 24976, Wraza 092 / 22460.

See- und Kurorte:

Albéna 05722/ 2310 und 2920, Telex: 74597, 74567, Fax: 05722 / 2786, 2235 und 2203

Borowez 07218 / 381, 306, 206, Telex: 23377, Fax: 07218 / 309

Djuni 0554 / 2423 und 5157, Fax: 0554 / 5147 - 21

Eléni 0551 / 4414 und 14260, Fax: 0551 / 14495

Kamtschija Telex: 77450, Fax: 052 / 231049

Pampórovo 03021 / 417 und 418, Telex: 48511 und 48447, Fax: 03021 / 418 und 263

Riviera Ferienklub Varna 052 / 855215, 855216, 855774 und 855445, Telex: 77291, Fax: 855101
Russálka 0570 / 3105, Telex: 74577, Fax: 0570 / 4264
Slantschev Brjag 0554 / 2305, 2304, Telex: 83500 und 83501, Fax: 0554/ 2524
Slatni Pjassazi 052 / 855681 und 855607, Telex: 77508 und 77511, Fax: 855587, 855285,
Swetí Konstantín 052 / 861005, 861045, Telex: 77278, Fax: 052 / 861260
Sunny day 052 / 8619 - 71, 75, Telex: 77615, Fax: 052 / 861315

Landkarten

Lesbare Landkarten sind in Bulgarien schwer zu finden. In **Buchhandlungen** und an **Zeitungskiosken** kann man zwar Karten erwerben, doch diese sind fast immer **kyrillisch beschriftet**, was ihren Nutzen für die meisten Touristen stark einschränken dürfte. Daher ist es in jedem Falle besser, sich bereits vor Reiseantritt eine Landkarte mit lateinischem Alphabet zu besorgen.

Medikamente

Die meisten Medikamente wie Analgetika und Antibiotika sind in Bulgarien erhältlich, aber es gibt keine große Auswahl. Mittlerweile haben bereits die ersten privaten, das heißt nichtstaatlichen, **Apotheken** eröffnet. In diesen privaten Apotheken kann man per Katalog auch ausländische Arzneimittel bestellen, muß jedoch eine Wartezeit von einigen Tagen bis Wochen in Kauf nehmen. Die Medikamente sind in Bulgarien fast so teuer wie in Westeuropa.

Nahverkehr, öffentlicher

Straßenbahnen gibt es nur in Sofia. In den größeren Städten gibt es außer den normalen **Bussen** auch Trolleybusse. Die **Fahrscheine** für die Busse muß man vor der Fahrt kaufen. Sie sind an den Kiosken, die sich bei den Haltestellen befinden, erhältlich. In den Straßenbahnen und Trolleybussen kann man die Fahrkarten auch direkt beim Fahrer kaufen. Eine Fahrkarte für das Stadtgebiet kostet um die zwei Lewa; das hängt von der Größe der Stadt beziehungsweise von der Länge der Linie ab. Die Fahrscheine werden dann in dem dafür vorgesehenen

Kasten im Bus entwertet; mit Kontrolleuren muß gerechnet werden. Die Strafe für Schwarzfahren beträgt 20 bis 50 Lewa.

Fährt man von einer Stadt bis zu einer anderen, dann werden die Fahrkarten am Busbahnhof gekauft und meist beim Einsteigen vom Busfahrer kontrolliert.

Post

In jedem Dorf und jeder Stadt befindet sich ein Postamt. Inlandsbriefe und -postkarten kosten einen Lew; geht die Post ins Ausland, ist Porto in Höhe von sieben Lewa fällig, bei einem Gewicht von mehr als 20 Gramm sind 16 Lewa zu zahlen.

Radfahren

Auf Bulgariens Straßen existieren keine Spuren für Fahrradfahrer. Es gibt aber in einigen Orten Wege in den Parkanlagen, wo Radfahrer geschützt sind. In den Seebädern finden sich gute Möglichkeiten, Fahrräder auszuleihen. (Siehe Fahrradrouten).

Radio und Fernsehen

Neben dem nationalen bulgarischen **Radio** gibt es Privatsender in Sofia, Varna, Schumen, Stara Sagóra und Plovdiv. Die privaten Sender bieten überwiegend musikalische Programme und Magazinsendungen an.

Das nationale **Fernsehen** strahlt zwei Programme aus: Kanal 1 und Ephir 2. Ausländische Filme werden entweder synchronisiert oder mit Untertiteln gesendet. Im Unterschied zum Radio gibt es beim Fernsehen bis jetzt noch keine privaten Sender.

Alle Vier- und Fünfsternehotels verfügen über **Satellitenfernsehen**, die meisten werden vom Astra-Satelliten gespeist.

Das bulgarische Fernsehen wird im Secam-System ausgestrahlt.

Schulferien

Die bulgarischen Schüler haben alle zur selben Zeit Ferien. Die **Weihnachtsferien** sind vom 24. Dezember bis zum 10. Januar. Vom 1. April bis zum 10. April sind die **Frühlingsferien** und vom 15./ 30. Juni bis zum 15. September liegen die **Sommerferien**. Nur die Grundschulen haben schon ab dem 24. Mai Sommerferien, die bis zum 15. September dauern.

Souvenirs

Typisch bulgarische Souvenirs sind Vasen und Services aus **Keramik**, traditionell mit einem Farbtropfen in Form eines Pfauenauges. **Kupfererzeugnisse** sind ebenfalls beliebte Souvenirs, besonders Teekännchen und Teller. Die **Holzschnitzerei** ist ein altes bulgarisches Handwerk, daher gibt es eine große Auswahl an holzgeschnitzten Mitbringseln.

Typisch für Bulgarien sind auch die **Stickereien** mit ihren Mustern aus Pflanzen und geometrischen Ornamenten. Früher konnte man an der Art und Weise, wie die Kleidung eines Menschen bestickt war, seine Familie erkennen. Die traditionellen Stickereimuster haben sich erhalten und finden heute viele Käufer.

Vor allem aber werden als Souvenirs **Goldschmiedearbeiten** bevorzugt. Dieses Kunsthandwerk hat eine lange Tradition in Bulgarien, und die bulgarischen Goldschmiede sind Meister beim Gravieren und bei Filigranarbeiten. Außerdem werden Ikonen beziehungsweise Ikonenkopien, Gemälde und weitere Kunstgegenstände angeboten.

Taxi

Taxis lassen sich immer ohne Probleme finden, meist handelt es sich dabei um Privatautos. Die Taxipreise hängen immer von den Benzinpreisen ab. Momentan liegt der Preis pro Kilometer bei umgerechnet 30 bis 50 Pfennig. Der Grundtarif beträgt umgerechnet 1, 50 DM, der Preis wird per Taxameter berechnet. Taxi heißt auch auf Bulgarisch "Taxi" und wird genauso ausgesprochen.

Telefon

Die Vorwahl von Bulgarien nach Deutschland ist 0049, die Anfangs-Null der Ortsnetzzahl wird anschließend weggelassen. Das Telefonieren ist billiger als in Deutschland. Die luxuriösen Hotels sind mit Telefonapparaten der englisch-bulgarischen Firma "BETKOM" ausgestattet. Diese Apparate sind Kartentelefone, die Telefonkarten sind an der Rezeption zu kaufen. Die Fernmeldetechnik Bulgariens soll bis Ende 1995 komplett gegen ein moderneres amerikanisches System ausgewechselt werden. Für Inlandsgespräche, die von einem Straßenapparat geführt werden, braucht man eine 20-Stotinki-Münze.

Toiletten

Toiletten gibt es in jeder Gaststätte und in jedem Restaurant, gewöhnlich wird für die Benutzung ein Lew kassiert. Die Toiletten sind leider fast immer in miserablem Zustand, sie sind alles andere als gut ausgestattet und, was noch schlimmer ist, funktionieren nicht richtig; die Mängelliste reicht von der Wasserspülung bis hin zum Klopapier. Um die öffentlichen Toiletten an Raststätten ist es noch ärger bestellt.

Touristische Vertretungen

Komitee für Tourismus
Sofia 1040
Swetá-NedeljaPlatz 1
Telefon: 84131, Telex: 32553, Fax: 882066
Balkantourist
Sofia 1040
Vitoscha-Boulevard 1
Telefon: 43331, Fax: 800134, Telex: 22583, 22568
Balkan Holidays International
Sofia 1000
Ttriadizastraße 5
Telefon: 831211 und 803209
Touristreklama
Sofia 1000
Triadizastraße 4
Telefon: 831515, Fax: 878674, Telex: 22127
Inter Travel Service (Interhotels)
Sofia 1000
Swetá-Sofia-Straße 2
Telefon: 881401, 873907, Telex: 22052, Fax: 880870

Vertretungen im Ausland
Balkantourist und Balkan Holidays
Leidsestraat 43
1017 NV Amsterdam - Holland
Telefon:020/ 248431, Telex: 16322
Balkantourist
Unter den Linden 40
10117 Berlin
Telefon: 2292335, 2292072 und 2292273, Telex: 114074

Bulgarisches Fremdenverkehrsamt
Stephanstraße 1-3
60313 Frankfurt/Main
Telex: 433869
Balkantourist, Telefon: 069/ 295284/ 86, Fax: 069/ 295286
Balkan Holidays, Telefon: 069/ 290755 und 290756
Bulgarische Fremdenverkehrswerbung
Balkan Holidays
A-1040 Wien
Rechte Wienzeile 13
Telefon: 5877762, 564379, 577762, Telex: 111223
Offizielles Bulgarisches Verkehrsbüro
CH-8006 Zürich
Schaffhauserstraße 5
Telefon: 3628787
Balkan Holidays, Telefon: 3628089, Telex: 812502, Fax: 3622958

Trampen

Die meisten Tramper in Bulgarien sind Schüler, Studenten und junge Leute. Diese billige Art zu reisen wird auch in Bulgarien immer beliebter.

Trinkgeld

In den Gaststätten und in den Bars ist es üblich, der Bedienung ein gewisses Trinkgeld zukommen zu lassen. Die Höhe des Trinkgeldes liegt bei etwa fünf Prozent des Rechnungsbetrages. Man kann sicher sein, dann umso freundlicher und aufmerksamer behandelt zu werden. In den Geschäften und den Ämtern ist Trinkgeld eigentlich nicht üblich. Aber wenn man etwas kauft, läßt man oft einfach die Münzen liegen; mit ihnen kann man sowieso kaum etwas kaufen, weil ihr Gegenwert minimal ist.

Unterkunft

Bulgariens beste **Hotels** sind die Vier- und Fünf-Sterne-Hotels. Die Zwei- und Drei-Sterne-Hotels wären, von wenigen Ausnahmen abgesehen, in Deutschland mit mindestens einem Stern weniger klassifiziert. Die erstklassigen Hotels haben auch erstklassig hohe Preise. Eine Übernachtung kann zwischen umgerechnet 60 und 500 DM kosten; der Preis hängt dabei vor allem auch von der Saison ab.

Gute **Campingplätze** sind in Bulgarien Mangelware, die meisten erinnern an die deutschen Campingplätze der 50er und 60er Jahre. Dafür kann man kleine **Bungalows** mieten. Auf eine Kochnische muß man dabei allerdings verzichten, es gibt keine Kochmöglichkeiten, alles Notwendige muß mitgebracht werden. Eine Übernachtung auf dem Campingplatz kostet nichtsdestotrotz fast so viel wie im Hotel.

Die **Jugendherbergen** sind sehr billig, aber da sie den herbergsüblichen Charme einer Kaserne ausstrahlen, sind sie nicht besonders beliebt.

Eine echte Alternative stellen die **Pensionen** dar. Früher durfte ein Sommerhaus in einem Feriengebiet nicht größer als 60 Quadratmeter sein. Heute existieren Einschränkungen dieser Art nicht mehr; die Neubauten sind europäischem Standard angepaßt, obgleich es ihrer leider noch nicht allzu viele gibt. Die in den letzten fünf Jahren gebauten Ferienhäuser sind gute Privatquartiere, die mit einem bis zwei Sternen klassifiziert sind. Oft besteht auch die Möglichkeit, Frühstück oder Abendbrot zu erhalten. Die meisten Pensionen sind in Kurorten, in Feriensiedlungen am Meer oder im Gebirge gelegen. Die Preise sind je nach Vereinbarung verschieden. Im **Gebirge** könnte zum Beispiel ein Zweibettzimmer in einer Pension umgerechnet 20 bis 30 DM kosten, ein Frühstück für zwei Personen umgerechnet vier bis sechs DM, ein Abendbrot für zwei Personen sechs bis acht DM.

In einem der bekannteren **Ferien- oder Badeorte** sähen die Kosten etwa folgendermaßen aus: Ein Doppelzimmer für eine Nacht kostet 25 bis 50 DM; das Frühstück fünf bis zehn DM, das Abendbrot sieben bis zwölf DM. Im Preis inbegriffen sind dabei die reifen Paprikaschoten, saftigen Tomaten und knackigen Gurken aus dem eigenen Garten, die viel besser schmecken als das Gemüse vom örtlichen Markt.

Noch ist es zu keiner Privatisierung des Fremdenverkehrs gekommen, aber das soll im Jahre 1994 geschehen. Man kann davon ausgehen, daß dann das Geschäft mit dem Tourismus einen regen Aufschwung erfahren wird, obgleich schon jetzt zwei Drittel der Gaststätten verpachtet sind und der Service sich wesentlich verbessert hat.

Visum

Ein **Einreise-Visum** benötigen alle nach Bulgarien einreisenden Individualtouristen. Das Visum muß bei der Konsularabteilung der bulgarischen Botschaft in Deutschland beantragt werden. Die Anschrift lautet: Konsularabteilung der Bulgarischen Botschaft, Büchelstr. 17, 53227 Bonn - Bad Godesberg, Telefon: 0228 / 351071. Von der Antragstellung bis zum Erhalt des Visums vergehen etwa zwei Wochen. Das Visum ist ein Jahr gültig und erlaubt einen Aufenthalt von maximal sechzig Tagen in Bulgarien. Pauschalreisende erhalten Hotelgutscheine, die Formalitäten erledigt in diesem Fall das jeweilige Reisebüro.

Zeit

Bulgarien gehört wie Rumänien und Finnland zur osteuropäischen Zeitzone, das heißt die Uhren gehen gegenüber westeuropäischen eine Stunde vor. Wenn es in Deutschland 20 Uhr ist, dann ist es in Bulgarien also bereits 21 Uhr.

Zeitungen

Der bulgarische Zeitungsmarkt umfaßt einige hundert verschiedene Blätter. Vielfalt wie Konkurrenz sind daher sehr groß; der Wegfall der Zensur brachte die Pressefreiheit, und da bis jetzt noch kein Pressegesetz verabschiedet wurde, wird diese Freiheit weder beschnitten noch geschützt. Das Zentralorgan der Union der demokratischen Kräfte ist die Zeitung "Demokrazia" (Demokratie), das der Sozialisten "Duma" (Wort). Die Zeitungen der Gewerkschaften sind "Podkrepa" (Unterstützung) und "Trud" (Arbeit). "Darsháven vestnik" (Staatliche Zeitung) ist das Blatt des Parlaments, alle Gesetze und Anordnungen werden in ihm veröffentlicht.

Neben den politischen Magazinen und Illustrierten erobern in jüngster Zeit immer mehr die erotischen und pornographischen Zeitschriften den Markt, die Nachfrage regelt anscheinend auch in diesem Bereich das Angebot.

In deutscher Sprache erscheint "Das Wirtschaftsblatt". Es informiert über alles Wichtige und Neue in der bulgarischen Wirtschaft.

Register

A

B

R

S

weitere Reisehandbücher aus dem Trescher Verlag

Texas neu entdecken

Streifzüge durch
ein sich wandelndes Land

ISBN 3-928409-15-8
172 Seiten, Karten, Bilder, Farbteil
26,80 DM

Die neue Ukraine

Auf Entdeckungstour zwischen
Karpaten und Krim

ISBN 3-928409-14-X
ca.170 Seiten, Karten, Bilder, Farbteil
26,80 DM

Das neue Litauen

Das Reiseziel an der Ostsee
wiederentdeckt

ISBN 3-928409-08-5
200 Seiten, Karten, Bilder, Farbteil
26,80 DM

*"Ich habe mich sehr über
dieses Buch gefreut"*
Karl Rothenberger,
Konsul der Republik Litauen
in Deutschland

Masurische Seen

Natur und Kultur in Polens beliebtester
Ferienregion

ISBN 3-928409-07-7
118 Seiten, mitzahlreichen Farbbildern
22,00 DM

erhältlich im Buchhandel oder direkt bei:

Trescher Verlag, Detlev von Oppeln - Reinhardtstraße 9 - 10117 Berlin (Mitte)
Tel. / Fax: 030 - 281 59 94